JAN ERIK SIGDELL

# Unsichtbare Einflüsse

Befreiung von anhänglichen
Seelen und aufdringlichen
Wesenheiten

Eine Originalausgabe im AMRA Verlag
Auf der Reitbahn 8, D-63452 Hanau
Hotline: +49 (0) 61 81 – 18 93 92
Service: Info@AmraVerlag.de

| | |
|---|---|
| Herausgeber & Lektor | Michael Nagula |
| Textredaktion | Silke Schütze |
| Umschlag | Murat Karaçay |
| Layout & Satz | Birgit Letsch |
| Druck | CPI books GmbH |

ISBN Printausgabe 978-3-95447-422-6
ISBN eBook 978-3-95447-052-5

Ebenfalls von Jan Erik Sigdell bei uns erhältlich:
*Die Herrschaft der Anunnaki. Über die Neue Weltordnung*
*Der Geheime Krieg der Anunnaki. Dunkle Mächte und Glaube*
*Die Manipulationen der Anunnaki. Der Ursprung des Bösen*
*Wiedergeburt und frühere Leben. Über Reinkarnation*

# Inhalt

## 3 Theologischer und religionsgeschichtlicher Hintergrund

## Anhang: Die gnostische Schöpfungslehre     129

»Man sieht nur mit dem Herzen gut.
Das Wesentliche ist für die Augen unsichtbar.«

Antoine de Saint-Exupéry: *Der kleine Prinz*

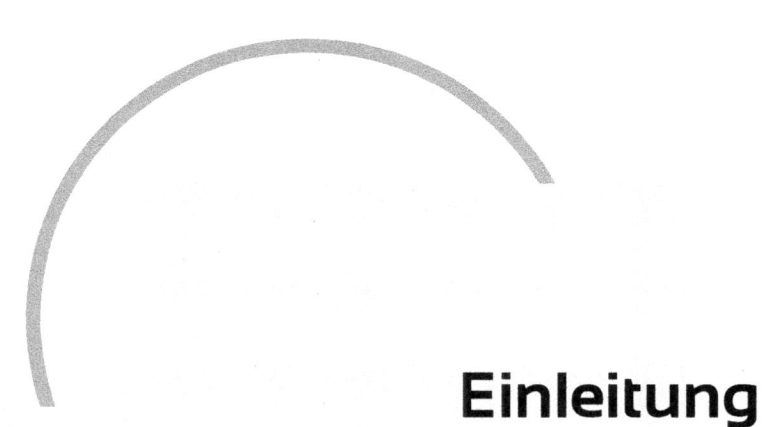

# Einleitung

Seit uralten Zeiten glaubt – oder besser: weiß! – man, dass Menschen von unsichtbaren Entitäten belästigt werden können. Unsere heutige Schulwissenschaft weist solche Vorstellungen allerdings zurück, da Geistiges nicht in ihr Weltbild passt und auch nicht, dass der Mensch eine den Tod des Körpers überlebende Seele hat. Das gilt ebenso für die offiziellen Richtungen in Psychologie und Psychiatrie, wodurch man leider wichtige Heilungsmöglichkeiten unbeachtet lässt und sich in derartigen Fällen auf symptomatische Behandlungen beschränkt. Ich werde hier darstellen, wie man erfolgreich anders mit solchen Zuständen umgehen und echte Heilungen erzielen kann, wenn man geistige Realitäten ernst nimmt.

Dieses Buch beruht auf jahrzehntelangen Erfahrungen mit Fällen von Menschen, die durch die unsichtbare Anwesenheit der Seelen Verstorbener oder gar von Wesenheiten, die nicht verkörpert waren, beeinflusst oder belästigt wurden. Diese Erfahrungen habe ich bei der Arbeit mit Rückführungstherapie gesammelt, die ich seit 1980 ausübe und lehre. Aus diesen Erfahrungen heraus hat sich zweierlei entwickelt: erstens eine Einsicht in die diesbezüglichen geistigen Zusammenhänge und zweitens Methoden, um mit derartigen Fällen zu arbeiten und Menschen von solchen Anwesenheiten zu befreien.

Im Zusammenhang mit Rückführungen habe ich mich ausführlich mit der Frage beschäftigt, inwieweit die Reinkarnationslehre zum Christentum passt. Die Antwort ist, dass diese Lehre nicht un-*christlich*, sondern nur un-*kirchlich* ist. Die urchristlichen Gnostiker waren mit der

Reinkarnation vertraut und lehrten sie auch. Sie hatten allerdings ein anderes Weltbild als das kirchliche Dogma, und das gnostisch-christliche Weltbild hat sich in der Rückführungsarbeit sehr gut bewährt, besonders in Fällen von fremden Anwesenheiten bei Klienten. Die erfolgreichen Ergebnisse solcher Arbeit sind deshalb als eine empirische Bestätigung jenes Weltbildes zu sehen. Das muss nicht bedeuten, dass dieses Weltbild die letzte Wahrheit ist, aber es passt besser als andere mir bekannte Weltbilder zu dem, was Menschen in Rückführungen erleben – insbesondere zu den genannten Fällen von anhänglichen Seelen und aufdringlichen Wesenheiten und der Befreiung von diesen, und das ohne den rabiaten Exorzismus, der scheinbar als einzige Methode aus dem Weltbild des Kirchendogmas hervortritt. Es geht also auch anders.

Das macht es im vorliegenden Buch notwendig, die Grundlage solcher Arbeit darzustellen, nämlich das gnostisch-christliche Weltbild. In diesem Zusammenhang zeige ich überdies, wie sich das spätere Christentum – das eben mit dem urchristlichen und aus dem inneren Kreis um Jesus entstandenen Gnostizismus seinen Anfang nahm – sich davon aus politischen Gründen distanziert hat und ein nicht mehr jesusnahes Christentum entstanden ist. Daraus entwickelte sich ein oberflächlicheres und abgewandeltes Christentum, das sich eher auf den äußeren Kreis um Jesus bezieht. Das Wissen um geistige Dimensionen ging dabei verloren.

Ich halte es für wichtig, dass diese Aspekte und diese (sowie ähnliche) Vorgehensweisen bei Rückführungen

Beachtung finden. Ich möchte lieber nicht wissen, wie viele Rückführungsklienten immer noch mit Besetzungen nach Hause gehen, weil der Rückführende diese nicht erkannte und auch nicht wusste, wie man Menschen davon befreien kann.

Die meisten Sprachen sind bedauerlicherweise eingeschränkt, wenn man ausdrücken möchte, dass man mit einer Bezeichnung beide Geschlechter meint. Ich verzichte dennoch darauf, immer wieder »er« oder »sie«, »Klient« oder »Klientin« und Ähnliches zu schreiben und verwende im Allgemeinen die männliche Form, womit meistens beide Geschlechter gemeint sind.

Dr. Jan Erik Sigdell
Dutovlje, Slowenien

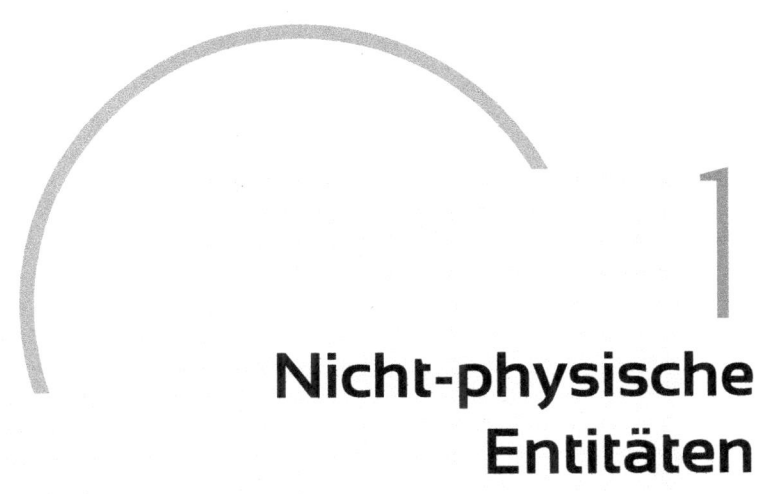

# Nicht-physische Entitäten

Verlorenes Wissen um geistige Dimensionen in der Christenheit

In diesem Kapitel geht es um geistige Realitäten, die im Urchristentum bekannt waren, aber dann im Laufe der Geschichte verloren gingen. Sie bilden eine Grundlage für die praktisch-therapeutische Arbeit mit Fällen von anhänglichen Seelen und aufdringlichen Wesenheiten, die Menschen belästigen können. Ein Teil der hier dargestellten Erkenntnisse wurde aus solcher Arbeit gewonnen, und diese Empirie bestätigt den anderen Teil, der aus dem Urchristentum stammt.

# Das Weltbild der gnostischen Christen

Die Geschichte des Christentums und der gnostischen Christen wird in Kapitel 3 kurz dargestellt. Die gnostischen Christen hatten ein anderes Weltbild als das viel spätere des Kirchendogmas.

Am Anfang gab es demnach nur die göttliche Lichtwelt, und wir waren alle als Lichtwesen bereits in dieser Lichtwelt da. Nun ergab es sich, dass viele dieser Lichtwesen (also wir!) Überdruss am Dasein in der Lichtwelt empfanden und jene Welt verlassen wollten, um Dinge zu erleben, die die Lichtwelt ihnen nicht bieten konnte. Deshalb erschuf Gott die materiellen Welten als Aufenthaltsorte dieser Wesen. Dafür zog er sich zusammen, so dass es einen Bereich von Nicht-Licht gab, also eine (zumindest relative) Finsternis, die aber nicht etwa an sich »böse« war, sondern nur ein freier Raum für die Schöpfung neuer Welten, die in jenem finsteren Bereich entstanden.[1] Etwas Ähnliches kennt die Kabbalah als *tzimtzum* (Zusammenziehung).[2]

Im Zusammenhang mit der Reinkarnationslehre, die den gnostischen Christen nachweislich vertraut war (siehe Kapitel 3), sehe ich es aufgrund unzähliger Erfahrungen, die ich als Rückführungstherapeut gewonnen habe,

---

1 Origenes, *Vier Bücher von den Prinzipien*, übers. von Herwig Görgemanns und Heinrich Karpp, Wissenschaftliche Buchgesellschaft, Darmstadt 1985.
2 http://de.wikipedia.org/wiki/Tzimtzum, http://www.chabad.org/library/article_cdo/aid/361884/jewish/Tzimtzum.htm

folgendermaßen: Die Lichtwesen jener Lichtwelt sind derart miteinander verbunden, dass dort ein Wesen, wenn es ein anderes verletzen würde, im gleichen Moment den Schmerz des anderen mitempfinden würde, fast wie ein »Sofortkarma«. Deshalb verletzt man dort niemanden, auch wenn man möglicherweise Lust dazu hätte. Man würde sich ja dann selbst verletzen.

Allerdings wurde das als eine Einschränkung des freien Willens empfunden. Diejenigen, die jene Welt verlassen wollten, strebten danach, ihre Willensfreiheit voll auszuleben und alles tun zu können, wonach ihnen war, auch dann, wenn es andere verletzen könnte.

In jenen neuen Welten entstand deshalb eine *Trennung* zwischen den aus dem Licht ausgetretenen Wesen, so dass sie nicht mehr ohne Weiteres die Gefühle der anderen mitempfanden. »Gott« ließ das gerade wegen des freien Willens zu, da diese Wesen es ja so erleben wollten. Dass man andere verletzte, verstieß jedoch gegen ethische göttliche Gesetze, und so musste der Betreffende schließlich begreifen, wie falsch das ist. Er musste den Schmerz fühlen, den er anderen zufügte, um die Tragweite seiner Tat richtig zu verstehen. Aber das geschah nicht sofort.

»Gott« änderte die Zeit so, dass die entsprechende eigene Erfahrung der verursachten Gefühle *später* folgte, als eine Lektion, die wir heute Karma nennen. Meistens geschieht das in einer neuen Inkarnation des Wesens, das nunmehr Seele genannt wird. Die Seele sucht sich eine neue Verkörperung, in der sie diese Erfahrung machen kann. Das bedeutet, dass jeder, der einmal Täter war, auch eine entsprechende Opfer-Erfahrung durchmacht. Er erlebt dabei Ähnliches wie damals, aber nun auf der Opferseite, und lernt dadurch die Gefühle kennen, die er verursacht hat. Auch wenn das bewusste, rationale und körperbezogene Ich des Menschen in jener neuen Inkarnation den Zusammenhang nicht kennt, weiß seine Seele sehr wohl darum.

Nach dem Tod in jenem Leben, wenn die Seele wieder in einen körperlosen Zustand übergegangen ist, erkennt diese den Zusammenhang, denn jetzt hat sie sozusagen das Fazit in der Hand. Somit lernt die Seele von einem Leben zum anderen dazu und versteht allmählich, wie falsch ein egoistisches Handeln auf Kosten anderer ist. Wenn sie dadurch endlich *die Liebe* vollständig begreift, kann sie den »Lehrgang« abschließen und endgültig in die Lichtwelt zurückkehren, ohne wieder verkörpert werden zu müssen. Das Entwicklungsziel besteht also in erster Linie darin, *die Liebe zu verstehen und sie zu leben!* Die uneingeschränkte, selbstlose Liebe zu den Mitmenschen und Mitwesen, ohne die ein anhaltendes Dasein in der Lichtwelt einfach nicht möglich ist. Das Bewusstsein, dass wir ausnahmslos *alle* gleichwertige Geschwister in der Schöpfung sind (auch wenn wir auf unterschiedlichen Stufen der Entwicklung stehen), muss erst heranwachsen.

Durch das Erlebnis der Trennung und die daraus resultierende Möglichkeit egoistischen Handelns, selbst wenn es rücksichtslos ist, lernen wir als spätere Folge auch die Schmerzen kennen – eben jene Schmerzen, die wir einmal anderen zufügten. Schließlich begreifen wir es in unseren Seelen: »Ich habe es probiert, und nun weiß ich, dass es falsch ist, und ich tue es nie wieder!« Was wir an negativen Impulsen und egoistischen Wünschen verspürten, wird dadurch überwunden und geheilt. Dann erst ist man reif für die endgültige Rückkehr in die Lichtwelt, in der es keine Trennung gibt. Diese Rückkehr ins Licht ist ohne Überwindung der Trennung nicht möglich.

Die Welten, die nach dem gnostischen Weltbild auf dieser Grundlage entstanden, können wie folgt dargestellt werden:[3]

1.      DIE GÖTTLICHE LICHTWELT
2.–10.  Neun (eigentlich 3 x 3) Engelhierarchien[4]
11.     Die Welt der Menschen
12.     Die Welt der Dämonen und Widersacher

Dieses Weltbild hat sich in der praktischen Arbeit mit der Rückführungstherapie deutlich bewährt, besonders im Zusammenhang mit dem Hauptthema des vorliegenden Buches (auf das wir nach dieser vorbereitenden Erklärung in Kapitel 2 noch einmal zurückkommen werden), nämlich dem Umgang mit Fällen, in denen Menschen

---

3   Origenes, *Vier Bücher von den Prinzipien*, ebenda.
4   Nach Dionysios Areopagita, aber es mag auch andere Einteilungen geben. Siehe (Pseudo-)Dionysius Areopagita: *Über die himmlische Hierarchie. Über die kirchliche Hierarchie*, übers. von Günter Heil, Anton Hiersemann, Stuttgart 1986, sowie http://www.esoteric. msu.edu/VolumeII/CelestialHierarchy.html und http://de.wikipedia.org/wiki/Engel.

von anhänglichen Seelen oder aufdringlichen Wesenheiten belästigt werden und sich dessen meist gar nicht bewusst sind. Das bedeutet nun keineswegs, dass dieses Weltbild die letzte Wahrheit ist, aber es passt besser als andere zu der konkret erfahrenen *Empirie*. Die Phänomene, die später besprochen werden, lassen sich damit viel eher vereinbaren als mit dem Weltbild des Kirchendogmas. Das gnostische Weltbild ist deshalb eine wichtige Grundlage dieser therapeutischen Arbeit.

Was die zwei untersten Ebenen betrifft, können sie höchstwahrscheinlich in weitere Unterebenen eingeteilt werden. Es dürfte auf der 12. Ebene verschiedene Typen von dunklen Wesenheiten geben; ebenso dürfte es auf der 11. Ebene verschiedene Menschenarten geben. Damit meine ich nun nicht etwa die »Rassen« auf unserer Erde, denn die unterscheiden sich nur äußerlich und sind nach der wahren christlichen Lehre und jeglichem gesunden Menschenverstand alle gleich. Vielmehr will ich damit sagen, dass es im Kosmos auch außerirdisches menschliches Leben gibt! Eine Menge Menschen hat mit dieser Vorstellung noch immer Probleme, obwohl unsere heutige wissenschaftliche Astronomie davon ausgeht, dass es dort draußen *Trillionen* von Planeten gibt. Die Annahme, dass bei dieser Vielzahl von Himmelskörpern nur auf einem einzigen Planeten menschliches Leben existiert, wäre naiv und unlogisch, ja die Wahrscheinlichkeit dafür liegt sogar so nahe an Null, dass man sie vernachlässigen kann. Außerdem könnte es Lebensformen geben, die unter Bedingungen leben, unter denen *wir* nicht lebensfähig wären und die eine völlig andersartige Physiologie aufweisen. Vgl. Jesus: »Im Haus meines Vaters gibt es viele Wohnungen.« (Joh 14,2)

## Seelen und Wesenheiten

Sowohl bei Seelen als auch bei Wesenheiten handelt es sich um nicht-physische Entitäten in dem Sinne, dass sie keinen für uns wahrnehmbaren dreidimensional materiellen Körper haben. Was ist nun der Unterschied zwischen Seelen und Wesenheiten?

Nach dem gnostischen Wortverständnis sind wir eigentlich alle Wesenheiten, und zwar von der Lichtwelt bis hinab auf die unterste Ebene. Es gibt demnach sowohl positive (gute) Wesenheiten, die wir gern Engel nennen, als auch negative, die von den gnostischen Christen als Dämonen und Widersacher bezeichnet wurden. Jene Wesenheiten, die sich als Menschen verkörperten und es größtenteils immer noch tun, werden Seelen genannt. Seelen sind demnach Wesenheiten, die noch die »Reinkarnationsschule« durchlaufen, ob momentan verkörpert oder im Zustand zwischen zwei Verkörperungen. Nach einer letzten Inkarnation werden auch sie dann wieder volle Wesenheiten in dem Sinne sein, dass sie nicht mehr verkörpert werden müssen.

Eine Wesenheit war also (bisher noch) nicht inkarniert, oder sie inkarniert nicht mehr. Eine Seele ist eine Wesenheit, die reinkarniert war und sich voraussichtlich wieder inkarnieren wird. Gute, uns eher wohlgesinnte

Wesenheiten (Engel) sind in den Engelhierarchien im obigen Schema des gnostischen Weltbildes auf den Ebenen 1-10 einzuordnen. Negative und uns weniger wohlgesinnte (man mag sie als dämonisch bezeichnen) auf der 12. und untersten Ebene.

## Wohin gehen die Seelen nach dem Tod?

Gemäß einer sehr umfassenden Empirie verlassen die Seelen den Körper bei dessen Tod und existieren ohne ihn weiter. Diese Empirie beruht einerseits auf einer Fülle berichteter Nahtoderlebnissen (es gibt da weit mehr, als öffentlich bekannt ist) und andererseits auf Rückführungserlebnissen.

Nahtoderlebnisse treten auf, wenn Menschen fast gestorben sind, aber doch wieder ins Leben zurückkehren – von selbst oder medizinisch reanimiert. Sie waren dann »vorübergehend klinisch tot«. Sofern sie sich erinnern und auch davon erzählen (das tun manche nicht, weil sie fürchten, nicht ernst genommen zu werden), berichten sie von einem vorübergehenden Seelenaustritt.

Diese Nahtoderlebnisse werden von unserer beschränkten Schulwissenschaft leider nicht für wahr gehalten, sondern man versucht, sie etwa zu Halluzinationen eines sterbenden (oder todesnahen) Gehirns zu erklären, und das auf eine angestrengte Art, die von frei denkenden Menschen schwer ernst zu nehmen ist. Man will sich unbedingt an ein rein materielles Weltbild halten, in dem körperlose Seelen keinen Platz haben, und deshalb das Phänomen in ein entsprechendes Prokrustesbett hineinzwingen. Dabei erfüllen diese Berichte ein Kriterium, das sonst für die Schulwissenschaft als Indiz für die mögliche oder gar wahrscheinliche Wahrheit eines Phänomens gewertet wird: Reproduzierbarkeit. Die große Mehrzahl dieser Erlebnisse ist einander auffallend ähnlich. Wenn es sich um Halluzinationen oder auch Fantasien handeln würde, wäre ein breites Spektrum von unterschiedlichen Erlebnissen zu erwarten, doch das trifft nicht zu. Hier weicht die Wissenschaft von einer ihrer eigenen Regeln ab.

Bei Rückführungserlebnissen ist es genauso. Menschen erleben darin meistens auch, wie sie in einem früheren Leben starben und was danach geschah.

Diese Erlebnisse haben ebenfalls eine hohe Reproduzierbarkeit und ähneln außerdem meistens den erwähnten Nahtoderlebnissen.

Im Allgemeinen geschieht zunächst Folgendes: Die Seele befindet sich nicht mehr im Körper, der tot daliegt, und fühlt sich normalerweise wesentlich besser, als sie sich im Körper gefühlt hat. Sie sieht die Menschen, die sich in der Nähe des Körpers aufhalten, aber sie selbst wird nur in den allerwenigsten Fällen von ihnen wahrgenommen. Sie empfindet die Gefühle dieser Menschen mit und auch ihre Gedanken. Sie entdeckt, dass sie diese telepathisch wahrnehmen und ebenso mit anderen Seelen kommunizieren kann, die vielleicht schon da sind oder denen sie später begegnet. Diese Entdeckung kommt einfach dadurch zustande, dass die Seele nun keine körperlichen Wahrneh-

mungsorgane mehr hat, die in der Verkörperung die seelischen laut übertönt haben, sondern nur noch die
seelischen, derer sie sich deshalb rasch bewusst wird. In
der Stille ohne physische Wahrnehmungsorgane drängt
das andere hervor, das vorher oft verborgen war.

Haben wir es dabei mit Telepathie zu tun? Parapsycho-
logische Experimente haben nachgewiesen, dass Telepathie möglich ist. Und im theologischen Zusammenhang
spielt sie sogar eine besondere Rolle! Wenn es sie nicht
gäbe, wäre nämlich jedes Beten völlig sinnlos. Wenn nicht
Gott, Christus, Engel und andere Wesenheiten wahrnäh-
men, was wir ihnen im Gebet still anvertrauen, wäre es
ganz umsonst. Wir würden ins Leere beten (jedenfalls,
wenn wir es nicht laut tun). Wenn Menschen informati-
ve religiöse Erlebnisse haben – etwa Eingebungen oder
Visionen –, können diese also auch telepathischer Natur
sein, sofern sie wahr sind.

Halten wir fest: Die ausgetretene Seele hat keine körperlichen Wahrnehmungen mehr. Nur in wenigen Fällen
empfindet sie im ersten Moment noch Schmerzen (sofern
sie unter Schmerzen starb). Dies liegt dann daran, dass
eine spezielle energetische Verbindung – die sogenannte
Silberschnur (Pred 12,6) – zwischen Seele und Körper
nach wie vor vorhanden ist. Diese reißt aber meistens
bald, oft schon nach Minuten, manchmal auch erst nach
Stunden oder Tagen, doch nur in äußerst seltenen Fällen
dauert es längere Zeit. Anschließend gibt es keine körperlichen Empfindungen mehr. Die Seele ist dann ganz
vom Körper gelöst.

In einigen wenigen Fällen reißt diese Silberschnur übrigens nicht, sondern zieht die Seele wieder in den Körper hinein. Dann war dies nicht der endgültige Tod, sondern ein Nahtoderlebnis. In dem Fall erfolgt der endgültige Körperaustritt später – vielleicht erst nach Minuten, Stunden, Tagen oder Jahren. (Es ist natürlich ein furchtbares Erlebnis, wenn die Seele wieder in den Körper gezogen wird und dieser bereits im Sarg liegt, aber auch das ist schon vorgekommen.)

Normalerweise begibt sich die Seele nach einer meistens nicht sehr langen Zeit lichtwärts. Sie fühlt, dass sie zum Licht gehen soll und wird von ihm angezogen, oder sie wird dorthin geführt, von einer Lichtgestalt oder auch einer anderen Seele (dann meistens eines verstorbenen Angehörigen). In der Lichtwelt angekommen, geht es ihr außerordentlich gut, und sie will dort bleiben. Aber wenn die »Seelenschule der Reinkarnation« nicht abgeschlossen ist, wird sie nach meiner Vermutung eher in einen Randbereich jener Welt gehen, da es ja noch nicht Zeit ist, voll in jene Welt hineinzugehen und dort zu bleiben.

Auf dem Weg lichtwärts kommt es zu einer Bewusstseinsveränderung der Seele. In der Verkörperung sind nicht nur Menschen voneinander getrennt, sondern wir haben in uns selbst auch eine innere Trennung zwischen dem bewussten, rationalen Ich und dem unbewussten (Seelen-)Ich. Das rationale Ich meint überheblich, alles besser zu wissen, und will das unbewusste Ich kaum wahrhaben und noch weniger ernst nehmen. Im Letzte-

ren stecken aber Erinnerungen von früher (auch vorge-
burtliche), und dort wissen wir, was das rationale Ich
kaum wahrhaben will, nämlich weshalb wir erleben sollen, was uns geschieht.

Diese zwei Teile des Bewusstseins vereinigen sich auf
dem Weg ins Licht zu einem großen bewussten Ich. Die
innere Trennung hört auf. Aus diesem Ich heraus sehen
wir die Dinge anders – diejenigen, die im Leben waren,
und diejenigen, die nun kommen. Aus diesem erweiterten Bewusstsein heraus erkennen wir auch, was wir in
der Verkörperung egoistisch falsch gemacht haben, und
das kann ein unangenehmes Erwachen sein.

Es gibt eigentlich zwei unbewusste Ichs: das Seelen-Ich
und ein unbewusster Teil des körperlichen Ichs. Letzteres ist im Nervengewebe gespeichert, wie eine Art
»Abstellkammer« für Erinnerungen, die nicht mehr
aktuell oder gar verdrängt sind (vor uns selbst versteckt,
weil wir sie nicht mehr haben wollen). Diese Erinnerungen müssen beim Tod auf das Seelen-Ich übertragen
werden, etwa wie wenn beim Ausschalten eines Com-
puters die Daten im RAM-Speicher auf die Festplatte
zurückgeschrieben werden. Sonst gehen sie verloren
(jedenfalls, wenn sie im RAM geändert wurden). Es wird
nicht selten über todesnahe Zustände berichtet, in denen
ein »Lebensfilm« rasch abläuft. Das dürfte jene »Datenübertragung« vom körperlichen unbewussten Ich auf
das Seelen-Ich sein. Interessanterweise wird so etwas
beim Wiedererleben des Sterbens in einem früheren
Leben nicht berichtet. Die Erklärung ist einfach: Jene

Datenübertragung ist ja heute schon längst geschehen und geschieht deshalb in einem Rückführungserlebnis nicht noch einmal.

Die Seele kann sich in der Lichtwelt erholen, sie trifft andere Seelen, die sie in der Verkörperung kannte oder die zu einer Seelengemeinschaft gehören, und sie trifft Lichtgestalten (wir nennen sie gern Engel). Sie wird die vergangene Verkörperung auswerten und zur Einsicht darüber gelangen, was da gut und was weniger gut oder gar schlecht war, und dementsprechend sucht sie sich eine neue Lektion in einer neuen Verkörperung, je nachdem, was sie nicht gut verstanden hat und deshalb nachholen und dazulernen soll.

Die Hauptlektion in dieser Seelenschule ist, wie bereits oben erwähnt, *die Liebe*. Deshalb steigt in uns nach dem Tod eine besonders wichtige Frage auf. Sie wird uns nicht etwa von einer richtenden Lichtgestalt gestellt, sondern steigt durch das erweiterte Bewusstsein der Seele in uns selbst auf. Sie lautet nicht: »Wie oft bin ich in die Kirche (die Synagoge, die Moschee …) gegangen?«, und auch nicht: »Was habe ich erreicht, was habe ich geleistet, was habe ich erworben?«, denn das ist nun ohne Bedeutung. Nein, diese Frage lautet: »Wo habe ich Liebe gelebt, und wo habe ich in der Liebe versagt?«

Dort, wo ich in der Liebe versagt habe, werde ich später selbst hingehen müssen, um entweder am eigenen Leib zu erleben, was andere meinetwegen gefühlt haben, oder um es dieses Mal richtig zu machen, denn dort habe ich Versäumtes nachzuholen.

## Warum gehen nicht alle Seelen ins Licht?

Es gibt bedauerlicherweise auch Seelen, die nach dem Tod nicht ins Licht gehen. Warum bleiben sie hier, in der materiellen Welt? Das hat mehrere Gründe, aber nicht selten hat es damit zu tun, dass die Seele sich nicht ins Licht wagt. Wie kommt das? Sie war vielleicht im Leben rein materialistisch eingestellt und sagte sich: »Leben nach dem Tod? Hör mit dem Unsinn auf! Das gibt es nicht! Wenn ich tot bin, existiere ich nicht mehr.« Und doch haben gerade solche Menschen oft erst recht Angst vor dem Tod – obwohl sie sich ja gar nicht zu fürchten bräuchten, wenn sie recht hätten! Dann gäbe es ja gar nichts mehr, was zu fürchten sein könnte.

Wenn ein solcher Mensch gestorben ist und sich als Seele außerhalb des Körpers wiederfindet, staunt diese Seele nicht schlecht: »Ich bin hier, und der Körper ist da! Das ist unmöglich! Das kann doch gar nicht sein!« Sie ist dann ziemlich verwirrt. Wenn sie überhaupt ein Licht wahrnimmt (denn daran glaubt sie wohl ebenso wenig), und fühlt, dass es sie dorthin zieht, sagt sie sich: »Wenn ich da hineingehe, werde ich erst recht tot sein, also muss ich versuchen, hier zu bleiben!« Sie entdeckt, dass sie leichter hier bleiben kann, wenn sie sich an einen bereits beseelten Körper klammert. Sie kann sich daran festhalten, sie kann ihm Lebensenergie entziehen (normalerweise nicht böswillig, sondern weil sie keinen anderen Weg sieht, um an die Energie zu gelangen, die auch sie braucht), und sie mag versuchen, durch den »Wirt« an Erlebnisse heranzukommen, die sie in der Verkörperung gern hatte. Letzteres mag schon böswillig erscheinen, wenn sie beispielsweise den Wirt dazu bringen kann, immer noch mehr zu trinken, um selbst wieder das Gefühl des Rausches zu spüren, oder wenn sie bestimmte Formen abartiger Sexualität wieder zu erleben versucht oder den Wirt in die Spielsucht treibt und Ähnliches – aber sie wird eher enttäuscht sein, weil es sich nicht mehr so anfühlt wie früher. Ich habe keinen Zweifel, dass Drogensüchtige fast immer Seelen gestorbener Drogensüchtiger bei sich haben.

Wenn eine Seele hier bleibt, kommt es nicht ganz, sondern nur teilweise zu der genannten Bewusstseinserweiterung. Die Seele ist dann nicht viel bewusster, als sie es in der Verkörperung war, weil das, was unbewusst war, immer noch mehr oder weniger in ihr verborgen ist. Anders ist es bei dem Menschen, der an das Lügenmärchen von der ewigen Verdammnis geglaubt hat. Er ist jetzt tot und sieht ein, in der Verkörperung einiges getan zu haben, was er nicht hätte tun sollen, und das führt ihn zu der Folgerung: »Wenn ich in das Licht hinein gehe, schicken sie mich vielleicht in die Hölle. Dann bleibe ich besser hier.« Die Seele hat Angst vor Strafe.

Warum ist das mit der ewigen Verdammnis ein Lügenmärchen? Weil es im krassen Widerspruch zu Gottes Liebe steht! Welcher menschliche Vater würde sein Kind für alle Zeit von sich wegstoßen und ins Unglück schicken? Ja, es gibt leider solche Väter, aber sie haben noch sehr viel zu lernen … Jedoch: Würde der Himmlische

Vater so etwas tun? Wo wäre dann seine Liebe? Außerdem stände eine *ewige* Bestrafung nach keinerlei Rechtsempfinden in einem gerechten Verhältnis zu einem Vergehen, das ja nur einige Jahre oder höchstens Jahrzehnte hat dauern können (nur ein Teil eines menschlichen Lebens). Ein Verhältnis von beispielsweise dreißig Jahren zu unendlich wäre aber unter keinen Umständen gerecht. Es kann also nur sein – wie es auch die gnostischen Christen lehrten –, dass eine »Bestrafung« (besser: eine *Lektion*) nur so lange dauert, bis die Seele ihren Irrtum begreift, bereut und wiedergutmachen will. Sollte die »Bestrafung« auf der untersten Ebene (die 12. Ebene der »Dämonen und Widersacher«) geschehen, inkarniert sie anschließend wieder und kehrt in die Ebene der Menschen zurück. Meistens ist allerdings die nächste Inkarnation (oder eine der nächsten) selbst eine Art »relativer Hölle«, weil man da »ausbaden« muss, was man früher einmal angestellt hat – und das stets binnen weniger als hundert Jahren …

Es gibt aber auch andere Fälle. Zum Beispiel die dominant besitzergreifende Mutter, die immer besser zu wissen meinte, was der Sohn tun und lassen soll und die sein Leben beherrscht hat. Nach dem Tod meint sie, damit weitermachen zu müssen, denn sie »weiß es ja so viel besser«, und ihre Seele bleibt dann beim Sohn. Das ist extrem egoistisch, und in solchen Fällen ist es schon lange überfällig, die Nabelschnur zu dieser herrschsüchtigen Mutter endlich zu durchschneiden. Wenn sie es so viel besser wüsste, wie sie meint, hätte sie längst begriffen, wie falsch ein solches

Verhalten ist. Oder jemand will, dass ein Geheimnis bewahrt bleibt, und auch nach dem Tod erreichen, dass eine Person es nicht ausplaudert. In wirklich seltenen Fällen will sich die Seele für etwas rächen und dem Wirt nach Möglichkeit etwas antun, oder sie will eifersüchtig verhindern und vereiteln, dass sich zum Beispiel die überlebende Partnerin einen neuen Partner sucht.

Können Seelen so etwas? Unter Umständen schon, aber meistens ist es schwer und gelingt kaum oder gar nicht. Manchmal versuchen sie es dennoch. Auf jeden Fall üben sie damit dann einen (unbewusst) störenden Einfluss auf das Leben der verkörperten Person aus – abgesehen davon, dass es eine große Ungerechtigkeit ist, die für die Seele nicht ohne Folgen bleibt.

Verstorbene Alkoholiker oder Drogensüchtige suchen sich gern einen verkörperten »Saufkumpan« und versuchen, durch ihn wieder das alte Rauschgefühl zu erleben, was der Seele allerdings nicht so leicht gelingen wird, wie sie es gern hätte. Sie will dann die betreffende Person dazu animieren, noch ein Glas zu trinken, und noch eins, wieder zu spritzen und ähnliches. Selbstmörder empfinden große Reue und Schuldgefühle, denn sie sehen nun, dass es doch eine andere Lösung gegeben hätte. Sie suchen deshalb Vergebung durch die Hinterbliebenen, denen sie Verlustschmerz bereiteten, aber da sie nicht wahrgenommen werden, wird das kaum gelingen, und dann ziehen auch sie irgendwann weiter.

Wer plötzlich und unerwartet stirbt, braucht manchmal einige Zeit, bis die Seele begreift, dass sie keinen physischen Körper mehr hat. Ist dieser beispielsweise im Meer versunken oder durch eine Explosion vernichtet worden, so dass keine Spur davon übrig blieb, glaubt die Seele anfangs oft, immer noch in ihrem Körper zu sein. Sie versteht dann nicht, dass Menschen nicht auf sie reagieren: »Warum hören sie nicht, was ich ihnen sage? Sehen sie mich denn nicht?« Irgendwann fängt sie dann an zu erkennen, was mit ihr geschehen ist.

Einige Seelen werden von der Trauer der Überlebenden festgehalten und können deshalb nicht gehen. Wenn wir jemanden »verloren« haben (was ja nicht wirklich stimmt, weil er oder sie immer noch existiert), müssen wir natürlich durch eine Trauerphase gehen – aber nicht für den Rest unseres Lebens in ihr »schwelgen«, denn so könnten wir der Seele sogar Schaden zufügen. In einem derartigen Fall wird die übermäßige Trauer ziemlich egoistisch. Bei einer meiner Rückführungssitzungen sagte eine Seele einmal zu ihrer Witwe: »Hör doch *endlich* auf zu trauern! Du hältst mich ja fest, und ich kann nicht gehen!«

Es gibt auch einige seltene Fälle, in denen wir mit einer anhängenden Seele geboren wurden. Sie ist uns dann von einer anderen Inkarnation her gefolgt (und in sehr seltenen Fällen durch mehrere Inkarnationen). Es kommt auch vor, dass wir eine Seele »erben«. Sie hängte sich früher vielleicht an die Mutter und ging bei deren Tod auf eines ihrer Kinder über.

Hat eine Frau ein Kind durch eine Fehlgeburt verloren oder abgetrieben, bleibt nicht selten die Seele des Kindes bei ihr. Wird sie dann wieder schwanger, kann sich dieselbe Seele erneut mit dem Fötus verbinden. Das geschieht vermutlich auch in jenen seltenen Fällen, in denen die Frau das Kind so früh verloren hat, dass ihr nicht einmal bewusst wurde, dass sie schwanger war – oder wenn das Kind erst kurz nach der Geburt starb.

Geht eine Seele nach dem Tod nicht ins Licht, ist das vergleichbar mit einem Kind, das nach Abschluss des Schuljahres auf dem Schulhof bleibt, während die anderen Kinder in die Sommerferien fahren.

## Einige Beispiele

Eine Frau erlebte in der Rückführung noch einmal, wie sie als Kind von ihrem Onkel sexuell missbraucht wurde; die zum großen Teil verdrängte Erinnerung war plötzlich wieder da. Es stellte sich dann heraus, dass der inzwischen verstorbene Onkel bei ihr geblieben war und zu verhindern versuchte, dass sie es erzählte. Als sie es nun doch getan hatte, musste der Onkel gehen.

Eine andere Frau kam vor vielen Jahren zu mir, weil sie wusste, dass die Seele ihres verstorbenen Vaters bei ihr war. Sie gehörte zu den wenigen Menschen, die so etwas merken und sich dessen bewusst sind und die dann auch mit der Seele kommunizieren können. Der Bruder sei ebenfalls gestorben, »ihn habe ich überredet, ins Licht zu gehen, aber der Vater will nicht gehen!« Sie legte sich hin und sagte als Erstes: »Nun sagt mein Vater: ›Steh auf und geh nach Hause! Hör nicht auf den Mann!‹« Doch sie blieb, und durch sie vermittelt führte ich ein Gespräch mit dem Vater. Er wollte nicht gern mit mir sprechen, aber ich versuchte ihm klarzumachen, wie unsinnig seine Situation sei. Da sagte er (durch seine Tochter): »Ich bin ja so gern bei ihr … mit ihr kann ich fernsehen!« Das hatte er offensichtlich immer sehr gern getan, und er konnte nach Aussage seiner Tochter sogar das Fernsehgerät und auch das Licht selbst einschalten (was er leider bei mir nicht tat). Später im Gespräch sagte er plötzlich zu der Tochter: »Deinen Bruder hast du umgebracht!« – »Wieso?« – »Du hast ihn ins Licht geschickt, und nun ist er wirklich tot!« Ich sagte, dass wir versuchen könnten, die Seele des Bruders zu rufen, und sie kam auch tatsächlich. Sie versicherte dem Vater, dass es ganz falsch sei, hier zu bleiben, und bat ihn, er möge ebenfalls ins Licht gehen. Der Vater war erstaunt, dass der Bruder doch nicht tot war, wollte aber immer noch nicht ins Licht. Zwei Wochen später kam die Frau wieder, und wir setzten dieses Gespräch mit dem Vater fort. Nun erklärte er sich bereit, ins Licht zu gehen – und tat es auch.

Eine Frau hatte ein Haus geerbt und wollte es verkaufen, doch der verstorbene Vater war vollkommen dagegen und terrorisierte sie geradezu, um den Verkauf zu verhindern. Er konnte immer wieder mitten in der Nacht das Telefon zum Klingeln bringen, und wenn die Frau abhob, war niemand dran. Er klopfte auch ständig an die Wände. Ein paar Wochen nach der Rückführung, in der wir den Vater ins Licht bringen konnten, erreichte mich von der Frau eine Postkarte, auf der geschrieben stand: »Der Telefonterror hat aufgehört!«, dick unterstrichen.

Eine junge Frau war sehr verzweifelt, weil ihr geliebter Freund in einem Verkehrsunfall gestorben war. Es stellte sich heraus, dass die Seele des Freundes bei ihr war und wahrhaftig erreichen wollte, dass sie sich ebenfalls umbrachte, »damit wir wieder zusammen sind«. Aus seiner Sicht vielleicht ein Stück weit verständlich, aber doch absolut falsch.

So etwas geschieht natürlich auch Männern, aber hier kamen mir nur Erinnerungen an weibliche Klienten. (Ich archiviere die Erlebnisse der Klienten nicht, denn dann bräuchte ich heute, nach so vielen Jahren, einen besonderen Raum voller Ordner.) Allerdings sind Frauen meistens sensibler als Männer, und vielleicht glauben Seelen, bei ihnen mehr erreichen zu können.

## Wo befinden sich die Seelen und wo die Wesenheiten?

Die moderne Physik, und besonders am Rande ihrer Wissenschaft forschende Physiker, erkennen immer mehr, dass der Kosmos multidimensional sein muss. Wir sind durch unsere körperlichen Wahrnehmungsorgane eingeschränkt, weil diese nur drei Dimensionen wahrnehmen können. Was darüber hinaus existiert, entgeht unseren Sinnesorganen, und wir können deshalb nur in drei Dimensionen denken. Man kann heute noch nicht wissen, wie viele Dimensionen der Kosmos wirklich aufweist. Auf jeden Fall werden es mehr als vier sein. Die vierte Dimension wollen viele als Zeit verstehen, aber sie dürfte mehr sein als nur das. Es kann durchaus sein, dass der Kosmos fünf, sechs, neun oder noch mehr Dimensionen hat – vielleicht umfasst er ja sogar die zwölf Ebenen des gnostischen Weltbildes? Es kann auch durchaus sein, dass diese weitere Dimensionen »bevölkert« sind, also dass dort Wesen leben, die eher uns wahrnehmen können als wir sie.

Wenn man sich mit solchen Dingen befasst, gewinnt man unwillkürlich den Eindruck, dass die Seele nach dem Verlassen des Körpers nicht nur höhere Dimensionen (wieder) wahrnimmt (mit speziell dafür ausgebildeten Wahrnehmungsorganen, die wir Verkörperten vergessen haben), sondern sich als in ihnen seiend erlebt. Wir erwachen dann dort nach dem Tod, und allmählich dämmert es langsam: Nun bin ich wieder da, wo ich vorher einmal war …

Diese eher mechanistische Betrachtung sollte uns aber nicht zu einer atheistischen Auffassung verleiten, denn die alleroberste Ebene wird der wahre Gott selbst sein!

## Überlegungen zu den Raumdimensionen

Ein Punkt hat keine Dimension. Die Linie hat *eine* Dimension. Die Ebene hat *zwei*, in x- und y-Koordinaten erfassbar. Der *drei*dimensionale Raum ist in x-, y- und z-Koordinaten erfassbar. Der vierdimensionale Raum wäre demnach in x-, y-, z- und (beispielsweise) v-Koordinaten erfassbar. »Unmöglich!«, wenden wir ein. Es kann keine v-Achse geben, die gleichzeitig zu allen drei anderen Ebenen im rechten Winkel steht. Man kann so etwas zwar mathematisch erfassen, aber nie und nimmer visualisieren. Oder stoßen wir da nur an die Grenzen unseres *dreidimensionalen Bewusstseins?* Ist es lediglich für unser *dreidimensionales Denken* unvorstellbar? Für einen hypothetischen, beispielsweise fünfdimensionalen Menschen würde das anders aussehen. *Er* könnte sich das leicht vorstellen, vielleicht sogar noch eine zu den anderen vier im rechten Winkel stehende (nennen wir sie) w-Achse … denn in dem Fall *lebt* er ja in solchen Dimensionen! Er würde unsere Eingeschränktheit schwer verstehen und sie merkwürdig finden, aber für uns ist es wie ein Koan, wie eine dieser paradoxen Aussagen, die Zenmeister oft verwenden, scheinbar unmöglich, unverständlich oder sinnlos, um am Verstand vorbei eine innere Erfahrung seiner Schüler zu provozieren. Die Schüler sind wir.

## Ein Lösungsansatz für den Koan

Ist die Betrachtung in Form eines Koordinatensystems nicht schon an sich einschränkend? Die Dimension eines Raumes wird informell definiert als das Minimum der Koordinaten, die benötigt werden, um einen Punkt in jenem Raum zu spezifizieren. Es könnte doch sein, dass das mit den cartesischen Koordinaten tatsächlich nur bis zu drei Dimensionen gilt, und ab dort wird ein Punkt (oder Ort) anders spezifiziert, auch wenn wir noch nicht wissen, wie. Der hypothetische fünfdimensionale Mensch würde es allerdings wissen. Unsere zwar mathematisch erfassbaren, aber – jedenfalls für uns – nicht visualisierbaren mehrdimensionalen Koordinatensysteme sind in dem Fall überholt.

In anderen Büchern habe ich ausführlicher über diese Dinge geschrieben, weshalb ich für mehr Informationen auf diese verweise.[5]

5    Jan Erik Sigdell, *Wiedergeburt und frühere Leben*, Heyne, München 2008, und *Durch den Tod ins Leben*, Ansata, München 2007. Das erste Buch ist in dieser Ausgabe vergriffen und liegt seit 2015 in einer erweiterten Neuausgabe im AMRA Verlag, Hanau, vor.

# 2

# Anhängliche Seelen und aufdringliche Wesenheiten

Wie Menschen davon befreit werden können

Welche Formen geistiger Fremdbelastungen von Menschen gibt es, und was kann man in solchen Fällen tun?

## Sogenannte »Besetzungen«

Wie oben bereits angedeutet, können Seelen und in manchen Fällen auch Wesenheiten sich an Personen hängen und sie mehr oder weniger beeinflussen. »Besetzung« ist eher ein allgemeiner Begriff – jedenfalls verwende ich ihn so. »Besessenheit« ist eine schwerere Form davon. Man kann zwischen den folgenden Fällen von Besetzung unterscheiden:

- *Besessenheit:* Eine fremde Seele oder eine Wesenheit will den Körper des Betroffenen übernehmen. Das gelingt, soweit mir bekannt ist, höchstens in Ausnahmefällen, aber sie versucht es und will möglichst *in* den Körper eindringen.
- *Umsessenheit:* Eine fremde Seele oder eine Wesenheit hält sich *am* Körper der betroffenen Person auf und hat sich an seinen Leib gehängt, haftet also an ihm.

Ein besonderer Fall, der sich von diesen beiden grundsätzlich unterscheidet, ist das *Walk-in* (etwa: Einsteigen). Hierbei handelt es sich um einen *Seelenaustausch*. Die Seele, die vorher den Körper bewohnte, hat den Körper verlassen – zum Beispiel während eines Nahtoderlebnisses –, und eine neue Seele hat den Körper übernommen. Für die Seele, die wegging, war es ein wirklicher Tod, denn sie hat den Körper ja tatsächlich verlassen. Für die neue Seele war es eine Gelegenheit, einen noch belebbaren Körper zu animieren und ihn dann zu bewohnen.

Körperlich und von außen betrachtet war es also ein Nahtoderlebnis, aber für die zwei Seelen nicht.

Ich vergleiche hier den Körper mit einem Auto und die Seele mit seinem Fahrer – ein durchaus sinnvoller Vergleich:

- *Besessenheit* ist ein sehr seltenes Phänomen, bei dem eine Seele – oder eine Wesenheit! – den Körper für sich *übernehmen* will. Der Fahrer sitzt am Steuer, ein Fremder reißt die Tür auf und versucht, ihn herauszuwerfen, was in den allermeisten Fällen nicht gelingt. Aber es gelingt dem Fremden, den Fahrer auf dem Hintersitz zu fesseln. Danach setzt er sich ans Steuer und fährt los.

- *Umsessenheit:* Der Fremde setzt sich auf den Beifahrersitz und will nun dem Fahrer vorschreiben, wo die Fahrt hingehen soll (auch hier kann das durch eine Wesenheit geschehen). Der Fahrer kann sich ihm mehr oder weniger widersetzen, ist sich aber nicht ohne Weiteres der Einflussnahme bewusst.

- *Walk-in:* Das Auto steht leer da, es ist verlassen, aber der Schlüssel steckt. Entweder läuft der Motor im Leerlauf, oder er lässt sich starten. Ein anderer als der eigentliche Besitzer setzt sich ans Steuer und fährt los. In diesem Fall handelt es sich also nicht um einen Konflikt zwischen zwei Seelen (beziehungsweise einer Seele und einer Wesenheit), sondern eben um einen *Seelenaustausch*. Die frühere Seele ist nicht mehr da. Eine andere Seele nutzt die Gelegenheit und übernimmt den Körper.

Die Begriffe Umsessenheit und Besessenheit stammen aus dem späten Mittelalter. Am Ende des 18. Jahrhunderts wurde in manchen Schriften über »Besetzungen« bereits zwischen den beiden Formen unterschieden. Umsessenheit wird im Lateinischen *circumsessio* genannt, und Besessenheit wird als *possessio* bezeichnet, manchmal auch als *obsessio*. Eine leichtere Variante von Umsessenheit ist die Infestation (*infestatio*, Belästigung). Hier hängt sich eine fremde Seele nicht an den Körper des Betroffenen, sondern sie »spukt« in seiner Umgebung. Spukphänomene können allerdings auch bei Umsessenheit vorkommen.

Der anders gelagerte Fall des *Walk-in* wird weiter unten behandelt.

Mit Fällen echter Besessenheit habe ich bisher keine eigenen Erfahrungen gemacht. Der Arzt und Psychiater Dr. med. Hans Naegeli-Osjord (1909-1997), der in Zürich lebte, kannte sich sehr gut mit dieser Thematik aus und hat mehrere Bücher darüber verfasst.[6] Ich erwähne das nicht zuletzt deshalb, weil ich seine Bücher gern empfehlen möchte. Er hat sich eingehend befasst mit diesem Thema, das von der Schulpsychiatrie leider nicht ernst genommen wird, sondern eher verpönt ist, wodurch

---

6    Hans Naegeli-Osjord, *Besessenheit und Exorzismus*, Otto Reichl, Remagen 1983; Hans Naegeli, *Umsessenheit und Infestation*, R.G. Fischer, Frankfurt a.M. 1994.

wichtige Heilungsmöglichkeiten unbeachtet bleiben. Wenn aber doch existiert, was die Schulmedizin nicht wahrhaben will, wird sie mit dieser Einstellung solche Fälle *nie* heilen, sondern *nur* Symptome unterdrücken können.

## Der Umgang mit sich anklammernden Seelen oder Wesenheiten

Wenn sich im Fall einer Umsessenheit eine fremde Seele an den Körper einer Person hängt, wird sie meistens die Person beeinflussen wollen. Aber es geht auch um Lebensenergie. Die fremde Seele braucht ebenfalls Lebensenergie und weiß nicht, woher sie diese sonst bekommen kann. Also raubt sie Energie vom Wirt – wie erwähnt, meistens nicht eigentlich böswillig, sondern weil sie keinen anderen Weg erkennt. Folgende Symptome können bei der Wirtsperson auftreten – natürlich nicht alle auf einmal:[7]

1.   Energieschwund. Man fühlt sich manchmal kraftlos oder hat vorübergehend weniger Energie als sonst. Das kann sich besonders morgens bemerkbar machen.
2.   Persönlichkeitsveränderungen. Launisches Verhalten, schnelle Stimmungswechsel. Manchmal ist man nicht richtig »bei sich selbst«.

---

7    Edith Fiore, *The Unquiet Dead*, Ballantine, New York, 1987. Deutsche Übersetzung: *Besessenheit und Heilung*, Silberschnur, 4. Auflage, Güllesheim 2005.

3. Es gibt Menschen, die mit der Seele eher unbewusst kommunizieren. Sie können intuitive Eindrücke haben, als ob sie sich selbst etwas sagen würden. Es gibt aber auch Fälle, in denen man so etwas wie eine Stimme hört und dann an seinem Verstand zweifelt. Jedoch bedeutet das noch lange nicht, dass man etwa »verrückt« wird, sondern jene Seele will uns etwas sagen oder einreden, oder sie will, dass wir etwas tun.

4. Impulsivität. Man tut manchmal Dinge, ohne darüber nachzudenken.

5. Ängstlichkeit oder Depression ohne erkennbaren Grund.

6. Eine weitere Möglichkeit ist diese: Man mag nicht von diesen Dingen hören oder lesen. Man würde am liebsten ein Buch wie dieses weglegen, ohne es weiterzulesen. Die Seele will dann nicht, dass man sie durch solche Informationen entdecken könnte.

7. Sucht nach Alkohol, Drogen, Glücksspiel oder übermäßiger sexueller Aktivität (die also über das Normalmaß hinausgeht, vielleicht in abartiger Weise, Pornografie und ähnliches). Es könnte sein, dass eine fremde Seele die Person dazu bringen will, mehr zu trinken, als sie eigentlich will, oder übermäßig zu rauchen, Drogen zu nehmen, Casinos oder Sexlokale aufzusuchen. Wenn so etwas fast »über Nacht« geschieht – man hat vorher mäßig getrunken, und auf einmal betrinkt man sich –,

*kann* gerade eine fremde Seele hinzugekommen sein, die in der Verkörperung solche Bedürfnisse hatte und diese nun weiter zu befriedigen sucht (das wird nicht mehr besonders gut funktionieren, aber sie versucht es dennoch). Alkoholiker und Drogenkonsumenten (auf jeden Fall bei harten Drogen, weniger bei mäßigem Marihuana-Konsum) werden meiner Meinung nach immer eine fremde Seele (oder sogar mehrere) aus der »Szene« bei sich haben, die vielleicht gerade daran starb.

8. Wenn eine Person von zwei oder mehr Seelen umsessen wird, kann sie unter Umständen manchmal Dinge vergessen, unter Gedächtnislücken oder gar Bewusstseinsunterbrechungen leiden.

9. Konzentrationsschwierigkeiten können damit einhergehen – Schwierigkeiten, bei mentalen Aktivitäten aufmerksam zu bleiben.

10. Seelen von Menschen, die krank oder verletzt starben, können in bestimmten Fällen entsprechende Empfindungen (zum Beispiel Schmerzen) auf die Person übertragen – dann eher aus der Erinnerung daran, weil die wirklichen Gefühle eigentlich aufhörten, als sich die Seele vom Körper löste. Diese können dann beim Wirt unerwartet und plötzlich auftreten.

Es ist wohl logisch, dass die Seele eines verstorbenen Alkoholikers sich lieber einen Wirt sucht, der gern ab und zu ein Gläschen trinkt; dass ein verstorbener Drogensüchtiger in der Szene bleibt und sich an einen Süchtigen hängt; dass die Seele eines Spielsüchtigen dasselbe tut, und so weiter; auch wenn es nicht immer so ist. Der verstorbene Alkoholiker wird sich ja von einem Abstinenten kaum etwas erwarten.

Ein solches Symptom, oder ein paar davon, *müssen* natürlich nicht bedeuten, dass die Person umsessen ist. Es gibt noch andere Möglichkeiten, und es sollte genau abgeklärt werden, wie es sich mit der Sache verhält. Ein Weg dazu ist die sogenannte Rückführung. Dabei geht es normalerweise darum, in die Zeit zurückzugehen, um Ereignisse in der Vergangenheit erneut zu erleben – in der Kindheit, in der Zeit im Mutterleib oder in einem früheren Leben. Um an diese Erinnerungen heranzukommen, muss man in Verbindung mit seinem unbewussten Ich treten, wo diese gespeichert sind. Da das unbewusste Ich auch mit der Seele verbunden ist, hat es Zugang zu Erinnerungen der Seele aus den Zeiten vor der Geburt. Der Unterschied zwischen Seele und unbewusstem Ich ist eigentlich nicht groß. Wir sprechen auch vom »höheren Selbst«, das die höchste Ebene im unbewussten Ich ist, die höchste Instanz in uns selbst.

Durch diesen Kontakt mit dem unbewussten Ich kann man auch die Frage klären, ob der Klient eine fremde Anwesenheit mit sich führt. Es ist diese besondere Anwendung der Rückführungstechnik, mit der wir uns hier befassen wollen.

# Wie entdecken wir
# eine fremde Anwesenheit?

Bei einer Rückführung, so wie ich sie durchführe,[8] verwenden wir einen »inneren Helfer« beziehungsweise eine »innere Helferin«. (Manche Rückführungstechniken bedienen sich dieser Instanz in uns nicht oder nicht in so konkreter Form wie ich – ja, manche Rückführende kennen diese Vorgehensweise gar nicht –, weshalb man die hier beschriebene Form der Abklärung nicht immer verwenden kann.) Darunter verstehe ich das Sichtbarwerden des eigenen unbewussten Ich als inneres Bild, als stünde es in einer beliebigen Gestalt so vor dem Klienten, dass dieser ein Gespräch mit seinem unbewussten Ich führen kann. Die Gestalt kann menschlich sein – männlich oder weiblich, selten geschlechtslos –, aber sehr oft ist sie eine Lichtgestalt oder Lichterscheinung. Ebenso gut kann sie symbolisch oder abstrakt sein.

Man kann auch die innere Begegnung mit dem eigenen höheren Selbst herbeiführen. Die Form von Kontaktaufnahme mit dem unbewussten Ich in Form eines »Helfers« eignet sich oft besser für Klienten, die sich wenig oder gar nicht mit spirituellen oder »esoteri-

---

8    Jan Erik Sigdell, *Reinkarnationstherapie,* Heyne, München 2005 (2. Auflage 2006). Der Titel sollte besser »Rückführungstherapie« heißen, da eine Rückführung nicht immer in frühere Leben führt, sondern auch in die Kindheit dieses Lebens. Leider ist diese Ausgabe inzwischen vergriffen. Das Buch wird 2020 in einer erweiterten Ausgabe im AMRA Verlag, Hanau, neu herauskommen.

schen« Themen befassen und denen der Begriff »höheres Selbst« neu sein mag. Sie könnten eventuell verunsichert oder überfordert werden, wenn wir sie zur Begegnung mit etwas führen wollen, an dessen Existenz sie vielleicht zweifeln. Jeder weiß aber heute, dass wir ein unbewusstes Ich haben, und kann deshalb die Vorstellung annehmen, diesem ein inneres Bild zu verleihen. Wer hingegen bereits mit spirituellen Themen vertraut ist und den Begriff »höheres Selbst« kennt, den führen wir gern zur Begegnung mit dieser höchsten Instanz in sich selbst.

Wir können auch, falls es einen Anlass gibt – zum Beispiel, dass ein paar der oben genannten Symptome vorhanden sind –, bei dieser »inneren Begegnung« fragen, ob es beim Klienten eine fremde Anwesenheit gibt oder nicht. Ist die Antwort »Ja«, lautet die nächste Frage, ob es sich um eine Seele handelt – oder gar mehrere – oder um eine Wesenheit, oder vielleicht sogar beides.

In ungewöhnlichen Fällen behauptet der Klient vor der Rückführung selbst, eine fremde Seele bei sich zu haben, oder er vermutet es. Es ist dann erst zu klären, ob es so ist oder nicht, und diese Frage stellen wir dem Helfer. Es kann ja auch eine andere Erklärung für den Verdacht des Klienten geben.

Es kommt allerdings ebenfalls vor, dass wir eine solche Anwesenheit erst in der Rückführung entdecken. Dann kann es passieren, dass wir die Begegnung mit dem Helfer suchen und sich erst eine wenig angenehme oder gar unangenehme Erscheinung zeigt. Jedenfalls fühlt man sich nicht wohl mit ihr. Deshalb ist diese erste Frage bei einer solchen inneren Begegnung sehr wichtig: »Wie fühlst du dich mit dieser Gestalt?« Normalerweise fühlt man sich wohl und geborgen, dann haben wir den richtigen Helfer gefunden. Ist es aber nicht so (man fühlt sich zum Beispiel unsicher mit ihm oder gar verängstigt, oder der Helfer ist unheimlich, bedrohlich und hat keine guten Augen), sage ich: »Geh von dieser Gestalt weg und bitte dein höheres Selbst, dich zum richtigen Helfer zu führen!« Man kann immer das höhere Selbst um Hilfe und Führung bitten, auch wenn der Klient den Begriff nicht kennt, denn das ist etwas anderes als die *Begegnung mit ihm*. Wir erklären in so einem Fall kurz, was wir damit meinen. Bei der zweiten oder vielleicht dritten Begegnung wird sich dann eine Gestalt zeigen, bei der sich der Klient wohlfühlt und die wir als Helfer annehmen. Einzelheiten des Vorgehens sind in meinem Buch über Rückführungen beschrieben.[9]

Wenn die erste Begegnung nicht angenehm ist, wird es sich in den meisten Fällen um eine anwesende fremde Seele handeln, und diese versucht dann, sich als Helfer auszugeben. Damit hofft sie nämlich, uns in die Irre führen zu können, so dass sie nicht entdeckt wird. Aber in diesen Fällen stimmt das Gefühl nicht! Wir fragen dann bei der Begegnung mit dem richtigen Helfer, was es für eine Figur war, die da auf dem Weg auftauchte: »Ein Teil von dir selbst, oder eine fremde Anwesenheit?« In den

---

9   Jan Erik Sigdell, *Reinkarnationstherapie*, siehe Fußnote 8.

meisten Fällen trifft Letzteres zu. Wir fragen dann: »Eine Seele oder eine Wesenheit?«

Es kommt selten vor, dass uns noch nicht klar ist, ob die Gestalt gut ist (also der richtige Helfer) oder vielleicht doch nicht ganz. In solchen Fällen lasse ich fragen, ob sie in Christi Namen kommt. Antwortet sie »Ja«, akzeptiere ich sie. Wenn es aber nicht so ist, wird sie der Frage eher ausweichen, als »Nein« zu sagen. Sie antwortet beispielsweise mit der Gegenfrage: »Warum fragst du das?« Aber damit wissen wir schon Bescheid. – Die Frage passe ich natürlich der Glaubensvorstellung des Klienten an. Ist er Jude, frage ich, ob sie in Gottes Namen kommt (den Namen Jahweh soll man im Judentum nicht aussprechen); ist er Muslim, frage ich, ob sie in Allahs Namen kommt. Oder in Buddhas Namen, in Brahmas Namen … Für mich spielt das keine Rolle. Allgemein kann man auch fragen: im Namen der göttlichen Liebe. Ist der Klient Atheist, kann ich ihn die Frage einfach so für mich stellen lassen, denn *ich* möchte die Antwort wissen. Die Anwesenheit wird sicher auch dann antworten. (Es wäre allerdings unwahrscheinlich, dass ein Atheist eine Rückführungserfahrung machen möchte, denn er wird kaum an Seelen und an Reinkarnation glauben.)

Wenn wir die Begegnung mit dem höheren Selbst direkt suchen, lautet die erste Aufforderung: »Frage diese Gestalt (oder Erscheinung), ob sie auch dein höheres Selbst ist oder noch nicht.« Manchmal findet die Begegnung nicht direkt statt, sondern man trifft auf dem Weg jemanden, der eine Art »Hüter der Schwelle« ist. In dem Fall sagen wir: »Frage dann, wohin du gehen sollst, um zum höheren Selbst zu gelangen. Vielleicht führt dich auch diese Gestalt dort hin.« Der Klient geht weiter und sieht dann sein höheres Selbst. In diesem Fall ist die erste Begegnung kaum eine fremde Anwesenheit (oder höchstens eine wohlwollende).

Es kann auch vorkommen, dass eine Blockade vorliegt. Es kommt nicht zu dieser inneren Begegnung, als stünde dem etwas im Weg. Das kann eine solche fremde Anwesenheit sein. Was tun wir dann? Es gibt verschiedene Möglichkeiten: »Frage dein höheres Selbst, ob dich jemand hindern will.« Wenn dann ein »Ja« kommt, antworten wir: »Bitte es, dir zu zeigen (oder zu sagen), wer es ist.« So können wir, wenn dies gelingt, zunächst mit dieser Anwesenheit ein Gespräch führen: »Warum bist du hier?«, »Was willst du von mir?«, »Weshalb willst du mich hindern?«

Eine gute Alternative besteht darin, Hilfe vom weiter oben zu holen. Wie erwähnt, gibt es eben auch gute Wesenheiten, die wir gern Engel nennen: »Bitte dein höheres Selbst, dir einen Engel zu senden!« Es erscheint in den meisten Fällen tatsächlich einer. Die Antworten erhält der Klient fast immer telepathisch. Ich sage deshalb: »Nimm den ersten Gedanken, der dir kommt!«

## Was tun wir dann?

Zunächst bleiben wir bei den Seelen. Wir bitten den Helfer oder das höhere Selbst, uns die Seele zu zeigen. Dann können wir mit ihr sprechen. Ich möchte wissen, ob der Klient und die Seele sich gekannt haben, als die Seele noch verkörpert war. Das kann sehr gut sein, aber die Seele kann dem Klienten auch fremd sein. Warum ist sie da? Was will sie von dem Klienten? Weshalb ist sie nicht ins Licht gegangen?

Die »klassische« Methode ist es dann, der Seele Mut zu machen, ins Licht zu gehen. Meistens wird sie wissen, dass sie einen Körper verlassen hat, aber wenn ihr dies nicht klar ist (was nicht sehr oft vorkommt), erklären wir es ihr. Wir können den Helfer bitten, das zu tun, und der Seele auch erklären, dass sie dem Klienten durch das Anhängen Probleme verursacht und sich damit belastet und Schuld auf sich nimmt. Wir erklären ihr, dass das Licht nicht gefährlich ist, sondern wunderschön, und dass es keine ewige Höllenstrafe gibt. Dass es sie gäbe, ist ein Missverständnis der Menschen und eine Manipulationstaktik. Etwas anderes stände ja im Widerspruch zu Gottes Liebe! Wir wollen die Seele verstehen lassen, dass sie, wenn sie hier bleibt und nichts von der wunderschönen Welt weiß, die sie im Licht erwartet, eine großartige Gelegenheit verpasst. Wir erklären ihr auch, dass sie nach einer gewissen Zeit im Licht wieder einen eigenen Körper haben darf und dass das natürlich viel besser ist, als sich an einen fremden Körper zu hängen, mit dem sie doch nicht wirklich tun kann, was sie möchte.

Wie in Kapitel 1 erwähnt, kommt es vor, dass eine Seele meint, dem Klienten helfen zu können. Wir erklären ihr, dass das nun nicht mehr ihre Aufgabe ist und sie in dem Zustand, in dem sie jetzt ist, nicht wirklich helfen kann. Das können ja die Lichtwesen viel besser, und die Seele kann doch nicht alles Nötige wissen, um wirklich helfen zu können. Wenn sie sich nicht vom Klienten trennen will, erklären wir ihr auch, dass sie einmal wieder vereint sein werden, aber dass das jetzt noch nicht möglich ist. Wir bitten den Helfer, uns zu helfen, das alles der Seele klar zu machen. Wenn wir statt dem Helfer dem höheren Selbst begegnen, tun wir das Gleiche.

## Bei Betrug aufpassen!

Trotz aller Aufklärung für die Seele kann es sein, dass sie doch nicht ins Licht gehen will. Sie versucht dann, uns zu täuschen: »Also gut! Ich gehe ins Licht!« Daraufhin versteckt sie sich und kommt nach der Rückführung wieder. Deshalb lassen wir den Helfer oder das höhere Selbst fragen, ob sie auch wirklich gegangen ist und was sonst noch zu tun ist.

## Neues Vorgehen

So weit das »klassische« Vorgehen. Dank einer Klientin entdeckte ich jedoch vor vielen Jahren noch ein besseres Verfahren. Bei ihr war ihre verstorbene Freundin, und diese sagte: »Ich bin so gern bei dir! Ich möchte bleiben!« Und sie wollte nicht ins Licht gehen. Da sagte die Klientin: »Aber *ich* kann doch mit ihr ins Licht gehen!« –

»Na schön, tu das!« – »Nun sind wir im Licht.« – »Frage die Freundin, wie es ihr dort geht.« – »Sie staunt. Dass es hier so schön ist, hat sie nicht erwartet!« – »Will sie denn dort bleiben?« – »Ja, das will sie jetzt.« – »Dann verabschiede dich von ihr und gehe zurück zu deinem Helfer.«

Seitdem mache ich es so: Nach einem meist relativ kurzen Gespräch mit der Seele sage ich: »Bitte den Helfer (oder das höhere Selbst), euch beiden den Weg zu zeigen, der in die Lichtwelt führt.« – »Nimm nun die Seele mit und gehe mit ihr zusammen dort hinein.« – »Jetzt sind wir da.« – »Wie gefällt es der Seele dort?« – »Sehr gut! Sie will bleiben.« – »Siehst du dort Lichtwesen, vielleicht Engel?« Wenn das nicht der Fall ist, sage ich: »Rufe sie und lass es mich wissen, wenn sie da sind.« Der Klient soll diese Wesen bitten, sich um die Seele zu kümmern, und geht dann zurück zum Helfer. In diesem Fall besteht nicht (oder jedenfalls höchstens ausnahmsweise) die Gefahr, dass sie später wiederkommen.

Es geschieht sehr selten, dass die Seele nicht in der Lichtwelt bleiben will. Wir fragen dann, warum. Anschließend bitten wir die Lichtwesen, der Seele klar zu machen, dass sie auf der irdischen Ebene wirklich nichts mehr tun kann, für niemanden. Aber wenn sie nach einiger Zeit aus der Lichtwelt wieder inkarniert, kann sie um so mehr tun.

Könnte der Klient nicht auch im Licht bleiben wollen? Das würde nicht gehen, weil seine Seele noch durch die »Silberschnur« (siehe Seite 25) mit dem Körper verbunden ist. Und ich sage ihm, dass er natürlich irgendwann später dorthin gehen wird, aber vorher noch wichtige Aufgaben auf der irdischen Ebene zu erledigen hat, etwa hinsichtlich seiner Familie und seines Berufs.

Wir fragen dann noch den Helfer, ob vielleicht eine weitere Seele da ist, und verfahren in dem Fall genauso. Bei mehreren Seelen gehe ich meistens nacheinander vor, aber man kann es auch »gruppenweise« tun. Einmal war eine Seele da, die sich stark vor dem Licht fürchtete. Ich ließ den Klienten fragen, ob die Seele sich daran erinnere, vorher in einem Körper gewesen zu sein? »Ja.« Ob sie sich an ihre Geburt erinnere? Nach einigem Zögern: »Ja.« Die Seele hat leichter Zugang zu solchen Erinnerungen als der rationale Verstand in uns Verkörperten. Ob sie sich dann auch erinnere, vorher in einem Mutterleib gewesen zu sein? »Ja«. – »Woher bist du da hineingekommen?« – »Woher … woher … aber, da war ich ja schon im Licht!« Nun hatte sie keine Angst mehr davor, wieder dorthin zurückzukehren.

## Was hat es mit den Wesenheiten auf sich?

Hier geht es natürlich um negative Wesenheiten der untersten Ebene und nicht um positive, die ebenfalls da sein könnten. Die positiven bewegen sich in helleren Welten und wollen uns ja nicht irreführen, wohl aber die negativen, die kaum von etwas anderem wissen. Warum hängen sie sich an Menschen? Es gibt da mehrere Gründe.

Auch die Wesenheiten brauchen Lebensenergie. Energie fließt von der Lichtwelt in die anderen Schichten hinunter. Sie kommt zu uns auf der Menschenebene als Licht und unsichtbare Energien, die vor allem Pflanzen ernähren. Mithilfe dieser Energien von oben können Pflanzen Nahrung aus der Erde holen, diese mit Licht verbinden und wachsen. Wir nehmen indirekt und ohne es zu wissen, Lichtenergie durch die Pflanzen auf, wenn wir sie essen, oder noch indirekter durch Tiere, die solche Pflanzen essen. Unser Kot ist wiederum Nahrung für die Pflanzenwelt – oder er sollte es eigentlich sein. Daraus können Pflanzen wieder mithilfe des Lichts höherwertigere Nahrung aufbauen. So funktioniert der Kreislauf der Natur, der durch Licht angetrieben wird. Doch leider »spenden« wir heute meistens nicht unseren Kot der Pflanzenwelt (was bei der heutigen extremen Überbevölkerung der Erde auch ein Problem wäre, das allerdings mit Bearbeitung von Klärschlamm lösbar sein dürfte), sondern überlassen das den Tieren – oder noch schlimmer: Wir versuchen, ihn durch Kunstdünger zu ersetzen, wodurch die pflanzliche Nahrung abgewertet wird und unserer Gesundheit nicht mehr so zuträglich ist. Damit durchbrechen wir, auf Dauer zu unserem eigenen Schaden, den natürlichen, lichtangetriebenen Kreislauf der Natur.

Woher jene Wesenheiten in den dunklen Regionen ihre Nahrung bekommen? Auch von oben! Durch uns Menschen, da wir ja auf der nächsthöheren Ebene über ihnen leben. Aber die Wesenheiten ernähren sich nicht von physischer Nahrung, sondern von energetischer. Wenn ein Mensch starke negative Gefühle hat, gibt er entsprechende Energien ab: Wut, Angst, Hass … Und diese Energien nehmen jene Wesenheiten wie »emotionale Ausscheidungen« an sich. Davon ernähren sie sich, sozusagen von unserem geistigen Kot. Sie sind eigentlich geistige Koprophagen. Darum wollen sie in uns so starke negative Gefühle schüren, um an jene Energien zu kommen. Hat ein Mensch Angst, kann es sein, dass eine Wesenheit in ihm diese Angst zu verstärken versucht, um dann seine Angstenergie zu »melken«. Das Gleiche trifft auch auf Wut, Hass und andere negative Emotionen zu. Ist das bösartig? Schon, sie ernähren sich ja von etwas, das für uns mit Leid verbunden ist. Aber sie tun es aus einer Art von *Hunger* heraus.

Ein weiterer Grund, warum eine Wesenheit sich an einen Menschen hängt, ist, dass sie ihre Macht über ihn genießt. Es macht ihr Spaß, einen Menschen zu manipulieren. Und die Mächte der Dunkelheit haben ihr gesagt, dass sie das tun soll. Außerdem kann sie Freude daran empfinden. In ihrem Verhalten sind solche Wesenheiten meistens arrogant und schlau, aber in anderer Hinsicht ziemlich abgestumpft. Es ist dann natürlich, dass sie sich Menschen mit bestimmten Schwächen oder negativen Neigungen (auch unbewussten) suchen, um gerade diese zu verstärken. Was immer man von angeblich medial vermittelten Botschaften hoffentlich positiver Wesenheiten halten mag (es gibt da sicher viel mehr Spreu als Weizen), zumindest die Gespräche von Eva Herrmann mit solchen Wesenheiten halte ich für lesenswert, denn es stimmt meiner Meinung nach vieles von dem, was gesagt wurde. Manche dieser »Wesenheiten« wirken allerdings eher wie Seelen, die nach dem Tod in die Dunkelheit gefallen sind und sich deshalb ähnlich verhalten wie wirkliche dunkle Wesenheiten.[10]

In den 1980ern hatte ich einen Klienten, der einmal drogensüchtig gewesen war. Als einer der Wenigen hatte er den Ausstieg geschafft. Während seiner Sucht hatte er versucht, sich umzubringen, und sprang in einen Fluss, wurde aber gerettet. In dem Moment kam eine Wesenheit zu ihm. Er sah in der Rückführung ein dämonisches Gesicht mit roten Augen. Ich ließ ihn fragen, ob jene Wesenheit verstehe, dass sie mit dem, was sie tut, immer mehr Schuld auf sich lade, die sie irgendwann begleichen müsse. Sie lachte hämisch: »Hä! Ich habe schon so viel Böses getan! Das macht jetzt auch nichts mehr!« Aus einer Eingebung heraus stellte ich die Frage, wovor sie denn so viel Angst habe, und sie verstummte. Ich hatte den wunden Punkt getroffen. »Auch für dich gibt es einen Weg, um von all dem frei zu werden, nämlich wenn du ins Licht gehst.« – »Ich ins Licht! Unsinn!« – »Wir könnten doch um einen Engel bitten, der kommt, um dich über die Lichtwelt zu informieren. Möchtest du das?« – »Nun ja, warum nicht ...« Es kam ein Engel und klärte

---

10  Eva Herrmann, *Von Drüben II*, Reichl Verlag Der Leuchter, St. Goar 1999, Kapitel II: »Miniaturen der Hölle«; aber auch *Von Drüben I*, Reichl Verlag Der Leuchter, St. Goar 1993, Kapitel VI: »Von guten und bösen Kräften«.

ihn auf, und dann gingen sie zusammen ins Licht. Später habe ich konkretere Methoden dazugelernt.

Wenn ich hier das Wort »Engel« verwende, meine ich übrigens ein positives Lichtwesen. Wir nennen sie eben gern Engel. Sie erscheinen uns als leuchtende Gestalten, aber kaum jemals mit Flügeln, denn das ist ein reiner Volksglaube.

## Gewalt und Tod

Dunkle Wesenheiten wollen sich also vor allem von emotionalen Energien ernähren, die Menschen bei starken negativen Gefühlen freisetzen, ohne es zu wissen. Sie versuchen auch, sich von unseren Lebensenergien zu ernähren, aber wie können sie an diese gelangen? Das geht am ehesten, wenn ein Mensch gewaltsam stirbt. Stirbt er dahinsiechend im hohen Alter oder an einer verzehrenden Krankheit, hat er beim Sterben kaum noch Lebensenergien übrig, seine »Batterien sind leer«. Wer aber gewaltsam stirbt, stirbt voller Lebensenergie, seine »Batterien sind geladen«. Diese Energie wird beim Sterben freigesetzt, und Wesenheiten können sie an sich nehmen. Das ist auch ein Grund, warum negative Wesenheiten es gern haben, wenn Menschen aggressiv sind und Gewalt ausüben, und deshalb versuchen sie, ein solches Verhalten zu schüren. Opfer von Gewalttaten leiden nicht nur unter starken, negativen Gefühlen mit entsprechenden Gefühlsenergien, sie setzen auch im Falle des Todes ihre Lebensenergie frei. Das ist eine wirklich üble Sache, die aber manches erklären kann, was in dieser Welt vorgeht.

Unser *Blut* scheint ein besonders starker Träger von sogenannten »feinstofflichen« Lebensenergien zu sein. Deshalb mögen negative Wesenheiten das Blutvergießen und geben sich manchmal sogar als Gottheiten aus, denen Tiere oder auch Menschen geopfert werden sollen. Hat das grausame Schächten von Tieren damit zu tun? Und das Verbot des Blutverzehrs in manchen Kulturen? Ist das Blut für die »Götter« und das Fleisch für die Menschen? Wollen solche Wesenheiten gerade deshalb, dass Menschen Krieg führen? Damit haben ich einige in diesem Zusammenhang sicher nicht unbedeutende Fragen nur als Denkanstoß erwähnt, ohne dass ich hier näher darauf eingehen will.

Es kann auch vorkommen, dass eine fremde Anwesenheit Krankheiten verursacht. So werden zwar die Lebensenergien geschwächt, aber es entstehen dafür andere Gefühlsenergien. Man möge dies jedoch nicht als eine allgemeine Erklärung für Krankheiten verstehen, denn in den allermeisten Fällen entstehen diese vielmehr aus unserem Denken (beispielweise durch Ängste oder negatives Denken), und zwar infolge eines Konflikts zwischen dem überheblichen rationalen Denken und unserem unbewussten Ich – oder zwischen den Egos der Menschen. Krankheiten können auch mit unserem Karma zu tun haben.

## Wie geht man mit den Wesenheiten um?

Auch hier gibt es eine gewissermaßen »klassische« Methode. Ich ging zunächst nach der von William J. Baldwin (gestorben 2004) beschriebenen Methode vor,[11] die gut funktionierte. Es gab aber seltene Fälle, in denen ich aufgeben musste. Später fand ich einen neuen Weg für den Umgang mit solchen Fällen und habe seither nur in einem einzigen Fall aufgeben müssen.

Baldwin erwähnt im Zusammenhang mit negativen Wesenheiten drei Grundprinzipien:

1. Sie glauben, in sich kein Licht zu haben.
2. Sie werden von den Mächten der Dunkelheit (die über die zwölfte Ebene herrschen) gesteuert und glauben, dass sie nur in der Dunkelheit existieren können, weil das Licht gefährlich sei und sie töten (verbrennen) würde.
3. Sie glauben, dass sie bestraft werden könnten, falls sie entdeckt würden. Denn diejenigen, die in der Dunkelheit leben, brauchen ja diese Art von »Nahrungsversorgung« …

Wir bitten auch hier den Helfer oder das höhere Selbst, die Wesenheit zu zeigen. Früher forderte ich die Wesenheit dann gemäß der herkömmlichen Methode auf, tief in sich hineinzuschauen, ob sie in sich ein Licht sehe.

---

11 William J. Baldwin, *Spirit Releasement Therapy*, Human Potential Foundation Press, Falls Church VA, 2. Ausg., 3. Aufl. 1993 (nunmehr bei Barnes & Noble, Lyndhurst, NJ).

»Unsinn, ich habe kein Licht!« – »Schau tief in dich hinein, und du wirst sehen, dass es da ist.« Nach einer Weile stellte die Wesenheit zu ihrem Erstaunen immer fest: »Aber ich habe ja auch ein Licht in mir! Das habe ich nicht gewusst.« – »Natürlich hast du das. Niemand kann ohne ein Licht in sich existieren, denn Licht ist Leben. Brennt es?« – »Nein!« – »Da siehst du, dass man dich angelogen hat.«

Wenn wir diese Methode wählen, bitten wir anschließend den Helfer oder das höhere Selbst, einen Engel aus der Lichtwelt zu rufen, und fordern die Wesenheit auf, sein Licht vorsichtig zu berühren. »Brennt es?« – »Nein! Es blendet mich, aber es brennt nicht!« – »Da siehst du wieder, dass man dich angelogen hat.«

Trifft der oben genannte Punkt 3 zu, was fast immer der Fall ist, werden wir zu der Wesenheit sagen: »Nun bist du entdeckt! Es könnte sein, dass man dich dafür bestrafen möchte! Aber dem kannst du entgehen! Begibst du dich in die Lichtwelt, können sie dich nicht erreichen. Dort bist du sicher. Wie wäre das für dich?« Wenn es relativ leicht geht, wird die Wesenheit den Vorschlag annehmen. Wir bitten dann den Engel, die Wesenheit ins Licht zu bringen und ohne sie zurückzukehren (weil wir ihn vielleicht um weitere Hilfe bitten möchten).

Aber es geht nicht immer so leicht. Manchmal *will* die Wesenheit einfach nicht. Wir können sie dann fragen, wie lange sie schon an dem Menschen hängt und ob es nicht langweilig ist, die ganze Zeit immer dasselbe zu tun. »Natürlich ist es das«, wird sie erwidern, aber: »Was soll ich sonst tun? Ich weiß ja nichts anderes! Man hat mir gesagt, dass ich das tun soll.« – »Möchtest du nicht mal etwas Neues ausprobieren?« – »Was denn?«

Wir stellen fest, dass es der Wesenheit anscheinend schwerfällt, sich etwas anderes vorzustellen. »Wenn du in die Lichtwelt gehst«, sagen wir, »gibt es viele neue Möglichkeiten, die du dir jetzt noch nicht vorstellen kannst. Und niemand muss dort bleiben! Es steht dir frei, jene Welt auch wieder zu verlassen. Aber offenbar will das kaum jemand, wenn er einmal dort ist.«

Sprechen wir in dieser Weise die Wesenheit an, wird sie hoffentlich die Motivation finden, um mit dem Engel zu gehen. Wir können auch fragen, was sie davon hat, wenn sie das tut, was sie tut. Ihre Antwort wird vermutlich lauten: »Macht!« – »Und was hältst du von Liebe?« – »Was ist denn Liebe?« Wir können den Engel bitten, der Wesenheit klar zu machen, was Liebe ist. »Möchtest du das erleben?« – »Vielleicht. Hört sich gut an!« – »Aber Liebe und Macht sind wie Feuer und Wasser. Wo Macht ist, kann keine Liebe sein. Niemand liebt denjenigen, der Macht hat, sondern ist nur bei ihm, weil er es muss. Du kannst nicht beides haben, sondern du musst wählen: Macht *oder* Liebe.« Daraufhin wird die Wesenheit wahrscheinlich bereit sein, es mal mit Liebe zu versuchen. »Möchtest du es versuchen?« – »Warum nicht?«

Ist die Wesenheit immer noch hartnäckig und weigert sich, ins Licht zu gehen, müssen wir eventuell zu härteren Mitteln greifen. »Bitte den Engel, die Wesenheit in Licht einzukapseln.« (Baldwin spricht von einem Lichtnetz.) Wir bitten dann den Engel, diese so eingekapselte Wesenheit in die Lichtwelt zu tragen und sie dort zurückzulassen.

Ist das nicht rohe Gewalt, möchten Sie vielleicht wissen? Nun, die Wesenheit weiß ja nicht, wie gut wir es mit ihr meinen. Wenn sie dort ist, wird sie froh darüber sein! Wie erwähnt, ist niemand gezwungen, dort zu bleiben. Sollten wir denn erlauben, dass sie weiter am Klienten hängt und ihm – und vielleicht auch seiner Umwelt – Ungutes zufügt?

Ich möchte dies durch das folgende Beispiel illustrieren. Man geht durch einen Wald und sieht jemanden, der im Begriff ist, in einem Gebüsch ein Mädchen zu missbrauchen. In einem solchen Fall ist es unsere Pflicht, das Mädchen zu retten, auch auf die Gefahr hin, dass wir zusammengeschlagen werden. Wenn wir feige wegschauen und nichts tun, laden wir uns Karma für eine Unterlassungstat auf – und besonders stolz werden wir sicher nicht auf uns sein.

## Ein neues Vorgehen

Ich habe es früher so gemacht wie oben beschrieben, und zwar in Anlehnung an die Prinzipien von Baldwin. Später kam mir die Idee zu einem neuen und besseren Weg. Ich dachte an den oben erwähnten Fall einer Seele, die zunächst nicht ins Licht zu gehen wagte, bis sie sich wieder an das Licht erinnerte. Und ich dachte an das gnostische Weltbild.

Wenn jetzt ein Fall mit einer Wesenheit auftrat, ließ ich deshalb erst den Helfer einen Engel rufen und sagte dann zu der Wesenheit: »Auch du warst schon einmal in der Lichtwelt, denn von dort kommen wir alle, aber du bist vor sehr langer Zeit da herausgefallen. Erinnerst du dich noch?« Einige haben eine schwache Erinnerung daran.

Wenn der betreffenden Wesenheit dazu nichts einfällt, bitten wir den Engel, sie an diese Situation zu erinnern. »Wie war es in der Lichtwelt?« – »Es war wirklich sehr schön!« – »Möchtest du dorthin zurück?« – »Darf ich das?« – »Frage den Engel!« Der Engel sagt: »Ja.«

Bisher ist es mir bei diesem Vorgehen nur ein einziges Mal geschehen, dass sich die Wesenheit beharrlich dagegen wehrte, ins Licht zu gehen. Mir sind sogar Fälle begegnet, in denen der Klient berichtete, dass die Wesenheit weicher, freundlicher und heller wurde. In einem Fall fiel sie sogar auf die Knie und bat um Verzeihung. Nach diesem aufklärenden Gespräch bitten wir den hinzugerufenen Engel, die Wesenheit ins Licht zu bringen.

Es ist erstaunlich, dass es so leicht geht, Menschen von Seelen und vor allem von Wesenheiten zu befreien. Als ich in den 1980ern meine ersten Erfahrungen mit solchen Fällen machte, war es noch nicht so einfach. Natürlich habe ich inzwischen dazugelernt, aber ich habe auch das Gefühl, dass sich in der heutigen Zeit etwas geändert hat, dass in der Welt dieser Wesenheiten und in unserer Welt »ein neuer Wind weht«. Auch hartnäckige Wesenheiten begreifen es heute nach einigen Versuchen sehr viel schneller.

Dass es auf diese Weise wirklich gut funktioniert, wird mir immer wieder durch Rückmeldungen bestätigt. Entsprechend einfach ist es heute auch, eine Rückführung ohne Hypnose durchzuführen.

Als man vor ungefähr 150 Jahren anfing, mit Rückführungen zu experimentieren, wurde wohl noch Hypnose dafür benötigt. Heute verfährt man in der meisten Fällen nicht-hypnotisch.

## Weitere Möglichkeiten zur Befreiung von einer fremden Anwesenheit

Neben dem klassischen Exorzismus (für dieses Thema verweise ich auf andere Literatur), gibt es noch einige weitere Möglichkeiten, mit solchen Fällen umzugehen. Hier stelle ich zwei davon vor:

### *»Elektroexorzismus«*

Der Grieche Athanasios Komianos[12] hat entdeckt, dass fremde Anwesenheiten sehr empfindlich auf elektrische Reize reagieren, und verwendet erfolgreich ein Elektroakupunkturgerät, um sie zu entdecken und den Klienten rasch davon zu befreien. Die Anwesenheiten flüchten dann. Diese Entdeckung könnte auch die Wirkung der

---

12 Athanasios N. Komianos, *Rapid Entity Attachment Release*, Eigenverlag 2011, erhältlich bei http://www.hypnoscopesis.gr/book/en.

rabiaten Methode des Elektroschocks in der Psychiatrie erklären – jedenfalls in den Fällen, in denen sie tatsächlich hilft (was sie nicht immer tut) –, weil dadurch eine solche Anwesenheit vertrieben würde.

### *»Kinderwerfen«*

Komianos hat eine merkwürdige Tradition des Kinderwerfens[13] in Indien analog erklärt. Babys werden von einem hohen Turm fallen gelassen, aber unten unverletzt in einem Tuch aufgefangen, das von mehreren Personen gehalten wird. Ein Grund für diese Tradition scheint heute nicht mehr bekannt zu sein, aber er dürfte wohl ursprünglich darin bestanden haben, dass eventuell vorhandene negative Anwesenheiten unter solchen Umständen flüchten würden. Hier geht es demnach darum, der Anwesenheit *Angst* zu machen, so dass sie den Menschen verlässt. Und das könnte sicher auch auf andere Weise geschehen.

## Was geschieht, wenn eine solche Wesenheit im Licht ist?

Wird sie dann dort bleiben? Hat sie uns Menschen überholt, die wir noch einen weiten Weg dorthin vor uns haben? Das kann ja nicht gut sein! Immerhin führt der Weg nach oben für die Wesenheit zunächst durch die

---

13 http://www.cultureledger.com/practice-of-baby-throwing-ritual-from-50-feet/ und http://www.news.com.au/controversial-baby-throwing-tradition-slammed/story-0-1225757302519

Ebene der Menschen, die für sie die nächsthöhere ist. Jedoch sträubt sie sich dagegen, als Mensch zu inkarnieren. Aber anders funktioniert für sie der Aufstieg nicht. Nun wird sie nach meiner starken Vermutung später *aus dem Licht als Mensch inkarnieren,* und wir haben ihr eigentlich auf diesem Weg geholfen!

## Die Aura heilen

Die Aura ist ein Energiefeld, das den Körper einer Person umgibt. Sie ist für die meisten Menschen unsichtbar. Bei Rückführungen kann man in Fällen von Besetzungen entdecken, etwa indem man den Helfer bittet nachzuschauen, dass die Aura des Klienten geschädigt ist, und dort findet die andere Seele oder die Wesenheit halt. Das kann eine Schwachstelle oder gar ein Loch oder ein Riss in der Aura sein. Eine Seele oder Wesenheit kann sich also an der Person dort festhalten, wo die Aura der Person einen solchen Schaden aufweist.

Es ist darum wichtig, den Klienten den Helfer (das höhere Selbst) oder den herbeigerufenen Engel fragen zu lassen, ob ein solcher Schaden vorliegt. Es wird immer einen geben. Wo am Körper? Der Helfer oder Engel wird es benennen. »Bitte nun den Helfer, deine Aura dort und überall zu heilen, und sage mir Bescheid, wenn es getan ist.« Danach wird eine Seele oder Wesenheit sich nicht mehr ohne Weiteres an die Person hängen können, es sei denn, dass vorher ein neuer Schaden entstanden ist.

Ein solcher Schaden kann durch eine sehr starke negative Emotion entstehen, zum Beispiel extreme Wut, panische Angst oder intensiver Hass, bei der sich die Aura vorübergehend auflockert. Er kann auch in einem Rausch entstehen. Bei Alkohol sicher nicht durch einen leichteren »Schwips«, sondern eher, wenn man sich bewusstlos getrunken hat oder nicht mehr weiß, was man in betrunkenem Zustand getan hat. Bei harten Drogen (Heroin, Crack und Ähnliches) wird die Aura immer beschädigt sein, bei mäßigem Marihuana-Konsum ist die Gefahr wesentlich geringer. Auch eine Körperverletzung, etwa durch einen Unfall, kann unter Umständen zu einem Auraschaden führen.

Eine Form von Drogeneinfluss ist die Narkose. Es kommt deshalb wohl durchaus vor – wenn auch zum Glück eher selten –, dass man sich bei einer Operation eine Seele auffängt. Vor vielen Jahren begegnete ich einer damals 59-jährigen Frau, die sich in der Rückführung als ein Kind in einem Pflegeheim erlebte. Das Kind hatte ab und zu Krämpfe (möglicherweise Epilepsie), und es starb während eines solchen Krampfes im Bett.

Irgendwie hatte ich das Gefühl, dass diese Frau sich nicht ganz mit dem Kind identifizierte. Wir wollten dazu ihren Helfer befragen, und auf dem Weg zu ihm sagte sie: »Ich sehe ein Kind, das sich versteckt.« – »Wo versteckt es sich?« – »In mir.« Ich verstand, dass es sich um eine Seele handeln musste. »Frage das Kind, was es will.« – »Es will Liebe, und es will wachsen.« – »Sage ihm, dass es das beides haben kann, aber nicht hier, sondern in einer Lichtwelt. Wir könnten einen Engel von dort herrufen, der das Kind darüber aufklärt. Will es das?« – »›Oh ja‹, sagt das Kind.«

Es kam ein Engel und sagte ihm, dass es hier am falschen Ort gelandet sei und nicht bleiben könne, dass es aber im Licht all dies haben dürfe. Die Frau sagte dann, dass sie sähe, wie das Kind vor Freude hüpfte, den Engel an der Hand nahm und mit ihm ins Licht ging, und sie hegte auf einmal mütterliche Gefühle für das Kind.

Bei der Begegnung mit dem Helfer stellte sich heraus, dass diese Seele das Kind im Pflegeheim war. Die Frau war im Alter von anderthalb Jahren operiert worden, und während der Narkose war diese Seele zu ihr gekommen. Sie wollte jetzt zurück in einen Körper, irgendwo in einem Heim in ein Bett, und ein Krankenhaus erfüllte für sie diese Kriterien. Da die Frau diese Seele unbewusst ein ganzes Leben bei sich gehabt hatte, entstanden eben diese mütterlichen Gefühle.

Ein Weg, eine derartige fremde Anwesenheit zu entdecken, kann in seltenen Fällen also auch darin bestehen, dass das erste Erlebnis in der Rückführung die Erinnerung jener Seele ist und nicht etwa die des Klienten. Wir erkennen dies meistens daran, dass wir den Eindruck haben, der Klient sei vielleicht doch nicht die Person, die jene Erinnerungen erlebt hat – zum Beispiel, wenn die Gefühle der Person nicht richtig kommen wollen. Wenn wir dann den Helfer dazu befragen, stellt sich in einigen seltenen Fällen heraus, dass es doch kein eigenes Erlebnis war.

# Immer mit Liebe!

Jesus lehrte uns, jeden und alle zu lieben. Buddha lehrte uns Liebe und Mitgefühl für alle empfindenden Wesen und nicht nur für unsere Mitmenschen. Dazu gehören auch Seelen, die den Körper verlassen haben, und sogar negative Wesenheiten. Mit ihnen sollen wir ebenfalls liebevoll umgehen.

Wenn wir feststellen, dass der Klient eine sich anklammernde Seele oder Wesenheit bei sich hat, haben wir es auf einmal mit *zwei* Klienten zu tun – der zweite ist die Seele oder die Wesenheit. Sie braucht genauso Hilfe, auch wenn sie es nicht einsieht oder einsehen will.

Der klassische Exorzismus ist jedoch wirklich eine schlechte Art, damit umzugehen! Die Seele oder Wesenheit wird dabei mit fluchartigen Beschwörungen gewaltsam ausgetrieben. Dadurch wird die Seele nur noch mehr verängstigt und verwirrt, und sie sucht sich schnellstens einen neuen »Wirt«. Oder die Wesenheit findet ihre negative Sichtweise bestätigt und wird nur noch arroganter und gewalttätiger. Der neue »Wirt« könnte dann im schlimmsten Fall der Exorzist selbst sein!

Wenn wir aber wie oben beschrieben vorgehen, erscheint es sehr unwahrscheinlich, dass die Wesenheit den Therapeuten übernimmt.

## Wie können wir uns selbst schützen?

Zumindest theoretisch besteht also die Gefahr, dass die Seele oder Wesenheit auf den Therapeuten übergehen will – selbst wenn das nicht sehr häufig ist. Aber dagegen möchten wir uns natürlich in jedem Fall schützen.

Ist die Aura des Therapeuten unbeschädigt, kann eine derartige Übernahme nicht so leicht geschehen. Es ist jedoch in jedem Fall ratsam, sich vorzustellen, man sei in Licht gehüllt oder dass der ganze Raum mit Christi Licht gefüllt ist. Wir denken gern an das Bibelwort: »Wo zwei oder drei in meinem Namen zusammen sind, bin ich unter ihnen.« (Mt 18,20) Wir können auch in Gedanken Engel (also Lichtwesen) bitten, dabei zu sein. Wenn es um einen schwierigen Fall geht, lege ich gern meine Hände auf meinem Solarplexus.

## Warum helfen die Lichtwesen nicht von selbst?

Man sagt, dass sie von sich aus nicht eingreifen dürfen, sondern erst, wenn man sie darum bittet. Ich weiß nicht, ob dies immer so ist, und wenn es so ist, kenne ich auch nicht den Grund. Es scheint aber zu stimmen, denn sonst hätten Engel schon längst den Klienten geholfen, die mit solchen Problemen zu mir kommen und denen ich dann mit Engelhilfe helfen muss. Scheinbar sollen ihnen die Lichtwesen nicht einfach von selbst beistehen, sondern wir müssen sie rufen und sie darum bitten –

manchmal auch zu unserem eigenen Schutz als Rück-
führungsleiter.

## Spukphänomene

Einige wenige erdgebundenen Seelen bleiben in dem Haus
oder an dem Ort, wo sie verkörpert gelebt haben, statt
sich an eine Person zu hängen. Das nennt man Infestation, und es kann in bestimmten Fällen Menschen stören,
die jetzt an diesem Ort leben. Jene Seele will wahrscheinlich die Menschen nicht da haben. (»Was haben sie hier
in *meinem* Haus zu suchen?«)

Auch in einem solchen Fall können wir auf die oben
beschriebene Weise vorgehen. Es ist sogar durchaus ratsam, die Rückführung und die Kontaktaufnahme mit
dem Helfer in jenem Haus durchzuführen, obwohl es
nicht zwingend notwendig ist. Wir lassen den Klienten
fragen, ob im Haus eine erdgebundene Seele ist (oder
möglicherweise eine Wesenheit). Ist es so, gehen wir wie
eben beschrieben vor. Dazu lassen wir den Helfer der
Seele auch erklären, wie unsinnig es ist, was sie tut, denn
nun hat sie ja nichts mehr vom Haus und verpasst ein
viel schöneres Dasein in der Lichtwelt.

## Fremde Anwesenheit bei einer anderen Person

Ich habe meine Rückführungsmethode in einer etwas
vereinfachten Form um eine Technik von Phyllis Krys-

tal ergänzt.[14] Wir lassen den Helfer auf dem Boden – oder beispielsweise auch auf einer Wolke, je nachdem wo genau der Klient bei ihm steht – einen Lichtkreis ziehen, so dass der Klient sich in der Mitte des Kreises befindet. Schweben die beiden in der Luft, soll der Lichtkreis auf Fußhöhe ebenfalls schweben. Dann zieht der Helfer einen zweiten (leeren) Lichtkreis vor dem Klienten, so dass die beiden Kreise sich berühren und eine liegende Acht bilden.

Gibt es eine karmische oder sonstige besondere Verbindung zwischen dem Klienten und einer anderen Person – oft mit jemandem, den der Klient schon in einem früheren Leben kannte –, bitten wir den Helfer, jene Person (in der heutigen Gestalt) in den zweiten Kreis zu stellen. Das könnte zum Beispiel ein heutiger Freund sein, mit dem man in einem früheren Leben vielleicht sogar ein Opfer-Täter-Verhältnis hatte. Es könnte der aktuelle Partner oder ein Ex-Partner sein. Es könnte die Mutter oder der Vater sein, und so weiter.

Man sieht dann fast immer symbolische Verbindungen zwischen den beiden Körpern. Stofflich wirkende Verbindungen werden an beiden Enden abgeschnitten und verbrannt, da sie mehr oder weniger negative Ver-

---

14  Phyllis Krystal, *Cutting the Ties that Bind*, Weiser, Newburyport/ MA 1995, und *Workbook for Cutting the Ties that Bind*, Weiser, Newburyport/MA 1995. Deutsche Übersetzungen: Phyllis Krystal, *Die inneren Fesseln sprengen*, Heyne, München 2003, sowie das *Arbeitsbuch* dazu, Heyne, München 2003. Die Lichtkreistechnik habe ich mit Phyllis' Einverständnis in meine Rückführungsmethode aufgenommen (vgl. Jan Erik Sigdell, *Reinkarnationstherapie*, s.o.).

strickungen symbolisieren, die damit zu tun haben, dass sich in der Vergangenheit die eine Seele von der anderen verletzt fühlte. Diese Verbindungen drücken dann eine Art von Groll darüber aus. Immaterielle Verbindungen, die meistens wie Lichtstrahlen aussehen (oder vielleicht wie ein Regenbogen), sind positiv und sollen bleiben. Sie haben mit Liebe oder anderen positiven Gefühlen zu tun.

Danach soll der Klient mit den Händen hüben wie drüben alle Wunden heilen, die vom Schneiden der Verbindungen entstanden sein mögen, und Versöhnung suchen. Normalerweise gibt es in beiden Richtungen etwas zu verzeihen (es ist sehr unwahrscheinlich, dass nur die eine Person der anderen etwas zu vergeben hat). Dies ist ein *heilendes* Versöhnungsritual. Über Einzelheiten des Vorgehens berichte ich in meinem Buch über Rückführungstherapie.[15]

Es kann nun vorkommen, dass wir entdecken, dass die *andere* Person eine sich anklammernde Seele oder Wesenheit bei sich hat. In dem Fall tun wir das Gleiche, das wir täten, wenn sie sich beim Klienten selbst befände. Ich habe erstaunliche positive Rückmeldungen nach solchen Fällen bekommen. Wie ist das möglich? Die Erfahrung zeigt, dass wir offensichtlich auf Seelenebene einen wirklichen Kontakt mit der anderen Person herstellen, die im zweiten Kreis steht, und dass wir deshalb auch ihrer Seele helfen können.

---

15  Jan Erik Sigdell, *Reinkarnationstherapie*, siehe Fußnote 8.

In einem Fall hatte die Person eine Tochter, die manchmal unerwartet aggressive Phasen durchmachte (vgl. die Symptome auf Seite 46-48). Als die Tochter im anderen Kreis stand, entdeckten wir, dass sie sowohl eine Seele als auch eine Wesenheit bei sich hatte, die wir ins Licht führten. Es war an einem Samstagabend. Die Frau berichtete später, dass sie mit ihrer Tochter am Telefon gesprochen und sie gesagt hatte: »Samstagabend ist mit mir irgendetwas geschehen. Ich weiß nicht was, aber seitdem geht es mir viel besser.«

Eine andere Person hatte eine Mutter, die als schizophren diagnostiziert war. Als sie im anderen Kreis stand, entdeckten wir eine Wesenheit bei ihr, die wir ins Licht führten. Später berichtete die Tochter, dass es der Mutter viel besser ginge: »Sie ist sogar mit uns in die Ferien ans Meer gefahren, das hat sie früher nicht getan.«

Ist also Schizophrenie eine Belästigung durch eine fremde Anwesenheit? Ich glaube, dass es manchmal so ist, aber nicht immer. Individuell kann es auch andere Erklärungen geben. Es wird behauptet, dass Schizophrenie mit Abweichungen in der Blutchemie zusammenhängt, aber das dürfte meiner Meinung nach eher ein physisches Symptom als eine Ursache sein.

## Walk-in

Wie im vorliegenden Buch bereits beschrieben, handelt es sich hierbei um einen *Seelenaustausch*. Ein Mensch ist tot, und seine Seele hat sich schon von ihm gelöst. Der Körper ist aber noch belebbar, und eine neue Seele übernimmt ihn, so dass der Körper wieder zum Leben erwacht – aber eben mit jener neuen Seele.

In manchen Fällen ist die alte Seele noch in der Nähe, allerdings nicht mehr im Körper. Sie hat sich von ihm gelöst und ist vielleicht bereits am Weggehen. Sehr oft kommt dann die andere Seele herbei und fragt: »Darf ich den Körper übernehmen?« Und die Antwort lautet dann wahrscheinlich: »Ja, gern! Ich will ihn nicht mehr!« Es ist in den meisten Fällen so, dass die Seele, die den Körper verlassen hat, gar nicht mehr in ihn zurück will, denn sie fühlt sich jetzt freier und besser, als sie sich je im Körper gefühlt hat.

Die neue Seele hat in vielen Fällen eine Motivation. Sie sieht die günstige Gelegenheit, sich zu ersparen, erst geboren zu werden und zwanzig Jahre lang aufzuwachsen, bis sie ihre Wünsche als inkarnierter Mensch voll ausleben kann – vielleicht auch, um eine bestimmte Aufgabe zu erfüllen. Es gibt allerdings auch Fälle, in denen der Austausch eher ein Irrtum war. In diesen ist die frühere Seele schon fort und die hinzugekommene will (eher ausnahmsweise) doch in den Körper zurück, den sie eine Weile vorher verlassen hat, erwischt aber den falschen – oder erkennt, dass jener nicht mehr belebbar ist, und findet einen anderen.

Wie kann sich eine Seele so irren? Sie hat ein anderes Bewusstsein und eine andere Sicht auf die physische Welt und erkennt nicht ohne Weiteres den Unterschied. Ort und Zeit werden auf der Seelenebene anders erlebt als vom rationalen Verstand des Körpers.

Die Seele ist sich nach dem *Walk-in* nicht bewusst, eine andere Seele in jenem Körper zu sein, da ja die ganze Lebensgeschichte des Körpers vor dem Austausch immer noch im Gehirn gespeichert ist. Im Körper ist sich die Person nach wie vor ihrer Seele nicht bewusst, und was geschehen ist, ist vor dem rationalen Ich im Unterbewussten verborgen. Deshalb meint die Person, immer noch dieselbe zu sein, aber sie hat auf einmal andere Interessen als vorher. Ihr Leben kann sich sogar radikal ändern. War sie beispielsweise vorher krank, kann sie nun auf einmal gesund werden. Die neue Seele braucht diese Krankheit nicht. Ist sie verheiratet, kann die Ehe auseinanderbrechen, da ja nicht mehr die gleichen Seelen zusammen sind, sondern nur die gleichen Körper – doch ebenso gut kann die Ehe besser werden.

Man kann den *Walk-in* auch als eine besondere Form von Reinkarnation betrachten, denn es handelt sich ja nicht um die Gewaltausübung einer Seele über eine andere. In beiden Fällen von Beseelung betrifft es einen Körper, der nicht beseelt war – noch nicht oder nicht mehr. Bei der normalen Reinkarnation ist es der Körper eines im Mutterleib gerade entstandenen Fötus, beim *Walk-in* ein Körper, der gerade frei geworden und noch belebbar ist. Umgekehrt kann man also, streng genommen, bei der normalen Reinkarnation auch von einem *Walk-in* sprechen, da eine Seele in einen noch unbeseelten Fötus hineingeht.

Der »normale« *Walk-in* ist daher keineswegs eine üble Sache, denn die andere Seele, die den Körper verlassen hat, hat ja kein Problem damit. Es kann nur gewisse Probleme für die Person selbst geben, da sie sich über die Wandlung ihrer Persönlichkeit wundern mag und sie nicht versteht. Dies kann allerdings durchaus positiv ausfallen. Vielleicht betrifft es auch eher ihre Umwelt, die sie nicht mehr wie früher versteht.

Fälle echter Besessenheit sind hingegen wirklich übel, aber zum Glück selten. Sollte es einer neuen Seele – oder wohl eher einer Wesenheit – tatsächlich gelungen sein, die frühere Seele »aus dem Auto zu werfen« (siehe den Vergleich auf Seite 44), handelt es sich streng genommen ebenfalls um einen *Walk-in*, der dann allerdings gewaltsam erreicht wird, und so etwas ist natürlich sehr übel. Derartige Fälle dürften jedoch äußerst selten sein.

Dass ein *Walk-in*-Sein in gewissen Fällen auch ein Irrtum sein kann, zeigt ein Fall meines Lehrers Bryan Jameison (1933-2002).[16] Zu ihm kam einmal ein Homosexueller, der sich wie eine Frau im falschen Körper fühlte und eine Art von Sehnsucht danach hatte, ein Kind im Bauch zu tragen. In der Rückführung erlebte er sich als junge Frau in Frankreich, die schwanger wurde und den Vater des Kindes heiratete. Auf der Hochzeitsreise liebten sie sich in einem Boot auf einem See. Das geschah anscheinend ziemlich wild, denn das Boot kenterte und die Frau ertrank.

---

16  http://www.christian-reincarnation.com/Bryan.htm

Minuten später zog man in den USA einen Jungen aus dem Wasser, der gerade ertrunken war. Man meinte, dass er wohl nicht mehr wiederzubeleben wäre, versuchte es aber dennoch. Wider Erwarten wurde der Körper lebendig – doch nun war *ihre* Seele in ihm! Die andere war schon gegangen. Dieser Junge wuchs dann heran und wurde zu jenem homosexuellen Mann. (Das bedeutet nun keineswegs, dass so etwas immer die Erklärung für Homosexualität ist, aber in diesem Fall war es so.)[17]

Wie der Fall eines *Walk-ins* positiv sein kann, kann auch eine fremde Anwesenheit es sein. Handelt es sich nicht um ein dunkles Wesen, sondern um ein Lichtwesen, ist das einfach zu verstehen. Aber auch eine Seele kann dem Klienten helfen wollen. Nur vermag sie es leider selten genug. Dafür wird sie wahrscheinlich nicht genug wissen – oder sie will etwas anderes als der Klient, wodurch die vermeintliche »Hilfe« doch eher eine Belästigung und egoistischer Natur ist.

Das Phänomen des *Walk-ins* erklärt sogar einige Ungereimtheiten bei Ian Stevenson, jenes bekannten Reinkarnationsforschers, der viele Fälle von Kindern mit spontanen Rückerinnerungen untersuchte. Nach seinen Recherchen starb manchmal eine Person, von der ein Kind behauptete, sie zu sein, erst *nach* der Geburt des betreffenden Kindes. Typisch für diese Fälle ist, dass das Kind eine Zeit lang schwer erkrankt oder bewusstlos gewesen war, bevor es behauptete, jemand anders zu sein.

---

17  Jan Erik Sigdell, *Reinkarnationstherapie*, siehe Fußnote 8.

Es könnte sich demnach um Fälle von Seelenaustausch handeln.

### Ist ein »Walk-in« ein Avatar?

Man hat behauptet, dass es sich bei *Walk-ins* um ganz besondere Seelen handeln würde, die mit einer geistigen Aufgabe zu uns kommen – inkarnierte höhere Entitäten, die wir Avatare nennen. Ich gehe davon aus, dass es in der Welt nur eine Handvoll Avatare gibt, aber viel mehr *Walk-ins*. Bestehen Unterschiede in der Qualität der Seelen, die zu uns kommt? Es gibt eigentlich keinen Grund, anzunehmen, dass die neue Seele wesentlich besser als die alte ist. Und selbst wenn es so ist, muss es sich nicht gerade um einen Avatar handeln. Von den ganz wenigen Avataren auf der Welt sind möglicherweise einige wenige *Walk-ins* und andere normal geboren.

### Fremdakzentsyndrom und Xenoglossie

Ein seltenes, aber in der Medizin bekanntes Phänomen ist das Fremdakzentsyndrom. Meist nach einer Kopfverletzung oder einem Hirntrauma, beispielsweise durch eine vorübergehende mangelnde Durchblutung oder Sauerstoffversorgung des Gehirns (oder eines Teils davon), kommt es vor, dass die Person nachher eine Art von Sprachstörung hat. Dafür gibt es neurologische Erklärungen. Wenn sich jedoch diese Art von Sprachveränderung deutlich in der Form eines ausländischen Akzents oder anderen Dialekts äußert, kann man sich zu Recht darüber wundern.

In extrem seltenen Fällen tritt Xenoglossie auf, das Sprechen einer anderen Sprache, die man aber nicht gelernt hat, wobei man in noch sehr viel selteneren Fällen die Muttersprache ganz oder teilweise vergessen hat. Hier genügt eine neurologische Erklärung kaum.

Eine alternative Erklärung könnte dann sein, dass es sich um Fälle von *Walk-in* handelt. War das Trauma mit Bewusstlosigkeit verbunden, dürfte dies sogar wahrscheinlich sein.

## Schwarze Magie

Auch wenn viele nicht daran glauben, es gibt sie wirklich! Normalerweise funktioniert sie unter Mitwirkung negativer Wesenheiten. Wer Schwarze Magie ausübt, lädt sich ein schweres Karma auf und muss in einem späteren Leben mit Zins und Zinseszins dafür bezahlen. Die betreffenden Personen wollen aber nicht daran glauben und schieben unwissend diesen wachsenden Karmaberg vor sich her, bis er schließlich unausweichlich über ihnen zusammenbricht.

Ich hatte kurz vor der Fertigstellung dieses Buches einen aktuellen Fall. Eine Witwe leitete die Firma ihres jüngst verstorbenen Mannes, mit dem sie eine sehr glückliche Ehe geführt hatte, bis er an einem Krebsleiden starb. Ihr Verdacht, dass hier Schwarze Magie am Werk gewesen war, bestätigte sich in der Rückführung. Sie hatte bereits in einem früheren Leben mit dem Chef einer Konkurrenzfirma zu tun gehabt, und seine lieblose und habgierige Frau brachte ihn dazu, einen Schwarzmagier anzuheuern. Jene Frau war dem verstorbenen Mann auch in einem früheren Leben begegnet und wurde nicht nur von Habgier getrieben, sondern obendrein von Eifersucht auf die glückliche Ehe, weil sie selbst keine Liebe kannte.

Wir bildeten in diesem Fall drei sich berührende Kreise (vgl. Seite 77) und stellten erst jenen Chef und seine Frau in die zwei anderen Kreisen. Es stellte sich heraus, dass sich eine Wesenheit bei der Frau befand. Anschließend kam auch der bezahlte Magier in den zweiten Kreis. Er hatte ebenfalls eine üble Wesenheit bei sich. Beide Wesenheiten wurden ins Licht geführt, und die verwitwete Frau konnte sich mit allen drei Menschen aussöhnen, obwohl sie den schmerzlichen Verlust ihres Mannes hatte erleben müssen. Es stellte sich nämlich während der Sitzung heraus, dass ihr Mann in einem früheren Leben selbst Schwarze Magie ausgeübt hatte, und so war nun das, was sich jüngst ereignet hatte, seine gesalzene Karmarechnung!

Solchen Dingen sollte man nie mit Gegenmagie begegnen – das hieße, den Teufel mit Beelzebub auszutreiben, und macht es am Ende noch schlimmer. Es gibt nur einen Weg: Licht, Liebe und Versöhnung!

In Schweden erfuhr ich von folgender Geschichte (vom Hörensagen, aber ich halte es für durchaus möglich, dass sie wahr ist): Ein Ingenieur wurde zu einer Vertretung seiner Firma in Afrika versetzt, wo er und eine Afrikanerin sich ineinander verliebten. Deshalb verließ sie ihren

Freund und wohnte mit dem Schweden zusammen, der aber mit der Zeit krank und immer kränker wurde. Die Ärzte konnten sich seinen Zustand nicht erklären (er hätte besser einen einheimischen Schamanen konsultieren sollen, der sich mit solchen Fällen auskennt, aber vielleicht tat es seine Freundin). Schließlich lag er todkrank im Krankenhaus. Da kam ein Mann zu ihm und sagte: »Das ist Schwarze Magie! Der Exfreund deiner Freundin bezahlt einen Magier dafür. Schicke dem Magier Licht und Liebe!«

Zum Glück begriff der Ingenieur das und handelte danach. Je mehr Licht und Liebe er schickte, umso besser ging es ihm. Als er später das Krankenhaus verlassen konnte, erfuhr er, dass der Magier gestorben war! Woran? Sicher nicht an Licht und Liebe! Aber all das Negative, das er ihm geschickt hatte, war nicht mehr angekommen, sondern zu ihm zurückgekehrt. Und da er Schwarze Magie sicher nicht zum ersten Mal praktizierte, wird er daran gestorben sein.

Was tun wir nun in einem solchen Fall? Zunächst klären wir mit dem Helfer oder dem höheren Selbst ab, ob es sich wirklich um Schwarze Magie handelt und wer dahinter steckt. Ist es eine Person, die selbst handelt, kennt der Klient sie wahrscheinlich nicht nur von diesem, sondern auch von einem früheren Leben her. Der Konflikt wird in jenem vergangenen Leben angefangen haben, und wir suchen in den Lichtkreisen (wie auf Seite 77 beschrieben) Ab- und Aufklärung sowie Versöhnung. Wir wollen, dass jene Person sich bereit erklärt, mit den magischen

Angriffen aufzuhören, wozu sie nach einer Versöhnung sicher auch bereit sein wird.

Es gibt leider Menschen, die für Geld Magie ausüben. Sie haben dann nichts Persönliches gegen den Klienten, sondern tun es nur, weil sie dafür bezahlt werden. Sie begreifen nicht, dass sie in der Zukunft selbst sehr viel mehr dafür werden bezahlen müssen, als sie heute bekommen! Zwar wohl kaum in Form von Geld, sondern in Gestalt eines schweren Schicksals.

Handelt es sich also um einen Auftragsmagier, kommt erst der Auftraggeber in den zweiten Kreis und dann auch jener Magier. Mit Sicherheit hat der Magier mindestens eine dunkle Wesenheit bei sich und meint, gut mit ihr zusammenzuarbeiten. Er will nicht sehen, dass er in Wahrheit von jener Wesenheit (jenen Wesenheiten) *manipuliert* wird! Nun suchen wir, ihn mithilfe des herbeigerufenen Lichtengels darüber aufzuklären. Wir führen die Wesenheit(en) ins Licht.

Der Magier verliert damit seine vermeintliche Hilfe, aber was jetzt? Ich schlage ihm – durch den Klienten – Folgendes vor: »Mit all dem, was du weißt und kannst, kannst du den Menschen genauso gut helfen, statt ihnen zu schaden. Du könntest zum Beispiel heilen! Damit wäre es dir möglich, schon jetzt deine Karmarechnung abzubauen. Was hältst du davon?« Der Magier wird das mithilfe des Engels sicher verstehen und darin auch für sich selbst eine gute Lösung sehen.

Man glaubt es kaum, aber sogar die Fürbitte in manchen freikirchlichen Kreisen kann sich effektiv wie Schwarze

Magie auswirken! Die Menschen wissen ja nicht, was sie damit unter Umständen anrichten. Sie glauben, sie täten etwas Gutes. Und das tun sie auch, wenn die betroffene Person die Fürbitte wünscht, nicht jedoch, wenn sie es ohne ihr Einverständnis tun! Im letzteren Fall übertreten sie göttliche Gesetze.

Ich kenne eine Frau, die einen Seminarhof in einer Gegend hatte, in der sehr viele freikirchliche Menschen leben. (Ich zögere, sie in diesem Fall frei*christlich* zu nennen.) Sie gehörten zu einer entsprechenden Pfingstgemeinde. Diese Menschen hielten das, was die Frau auf ihrem Hof machte – sie organisierte spirituelle und esoterische Seminare –, für »Teufelswerk« und starteten eine Fürbitteaktion für sie. Mit der Zeit wurde sie krank und musste den Hof aufgeben! Nach meiner Meinung mobilisierten diese Menschen *negative* Kräfte, obwohl sie diese in ihrem Irrglauben für positiv hielten. Ihr Hass (übrigens ein unchristliches Gefühl!) gegen die Frau hatte diese Kräfte angezogen (siehe oben über den Nährstoff für negative Wesenheiten).

Ein anderer, höchst bedauerlicher Fall ist der folgende: Eine Frau sah schon als Kind die Seelen Verstorbener, und das machte ihr anfangs Angst. Mit der Zeit lernte sie, damit umzugehen, und verstand, dass Seelen zu ihr kamen, um sie um Hilfe zu bitten und den Weg ins Licht zu finden. So begann sie also mit ihrer Seelenberatung. Eines Tages war sie bei Bekannten zum Abendessen eingeladen. Sie saß am Tisch und sagte: »Da ist etwas bei euch! Ich fühle es!« Die Bekannten fingen an zu weinen und erzählten, dass sie mit einem anderen Ehepaar sehr eng befreundet gewesen waren, das sich aber den Zeugen Jehovas angeschlossen hatte. Wer zu dieser Sekte gehört, darf nicht mehr privat mit Nichtmitgliedern verkehren, nur beruflich, weil sich das ja nicht vermeiden lässt, und so hatten sie die Freundschaft beenden müssen.

Zuvor hatten die neuen Zeugen Jehovas das Ehepaar allerdings aufgefordert: »Schließt uns euch doch an, damit wir Freunde bleiben können!« – »Nein, das geht nicht. Das ist nichts für uns.« Später erfuhren sie, dass die ehemaligen Freunde bei den Zeugen Jehovas für sie fürbitten ließen, und das hatte eine dunkle Wesenheit entstehen lassen (so drückte die Frau es aus, aber vielleicht wurde die Wesenheit von den Betenden auch unbewusst angezogen und zu ihnen gelenkt). Die Frau des Ehepaars, das sich nicht anschließen wollte, erkannte den Ernst der Lage und sagte: »Macht euch keine Sorgen. Ich nehme die Wesenheit mit mir und werde mich mit ihr befassen.« Aber da hätte sie sich fast übernommen. Sie setzte sich in den Innenhof des Hauses, das ihre Wohnung beherbergte, und hatte stundenlang zu tun, um diese Wesenheit ins Licht zu bringen.

In den 1980ern erfuhr ich von einer Methode, um Urheber von schwarzmagischen Angriffen zu entlarven. Damals besuchte ich mit einigen Freunden mehrere Heiler auf den Philippinen, und die Methode hatte es wirklich in sich: Der Heiler gießt kochendes Wasser über den Betroffenen! Das schadet ihm angeblich nicht, aber irgendwo in einem Haus oder einer Hütte schreit jemand laut auf. Diese Person ist der Urheber und fühlt sich verbrannt. Unglaubwürdig? (Jedenfalls möchte ich Sie herzlich bitten, diese Methode nicht an sich oder anderen auszuprobieren. Für den Erfolg ist zweifellos eine besondere Geisteshaltung erforderlich und mit großer Wahrscheinlichkeit auch eine gezielte Ausbildung, über die wir nichts wissen.)

Ich selbst habe dort auf den Philippinen allerdings Folgendes erlebt: Als wir an einem Nachmittag zu einer Heilerin gingen, hatte ich Fieber. Jemand bat die Heilerin, etwas für mich zu tun. Sie holte eine Mitarbeiterin herbei, die einen Wok auf die Gasflamme stellte. Dann goss sie Öl hinein, aber ein bisschen Wasser wird ebenfalls im Wok gewesen sein, denn es zischte vernehmlich auf, als das Öl anfing zu sieden. Demnach war das Öl etwa 100°C heiß! Sie legte die Hände auf eine Bibel – und konnte danach ins heiße Öl greifen, mit dem sie auch noch meinen nackten Oberkörper massierte, und es brannte nicht! Weder sie verbrannte sich, noch ich verbrannte mich! Ich hatte kurze Hosen an, und auf dem Weg vom Wok zur Brust fielen ein paar Tropfen auf meine Oberschenkel. Diese brannten! Kurz danach war ich fieberfrei, und es ging mir blendend.

Bei jener Heilerin befand sich auch eine Frau, die ich heute als einen *Walk-in* betrachte, doch damals wusste ich von so etwas nichts. Man hielt sie für verrückt und hatte sie eingeschlossen. Sie sagte immer wieder: »I am Sergeant John Smith!« (An den richtigen Namen erinnere ich mich nicht mehr.) Heute verstehe ich, dass offensichtlich die Seele eines verstorbenen amerikanischen Soldaten ihren Körper übernommen hatte. Möglicherweise waren sie gemeinsam überfallen worden, wobei er starb und sie vorübergehend klinisch tot war, aber ihr Körper hatte überlebt.

## Positive und negative Hellsichtigkeit

Hellsichtigkeit kann sowohl positiv als auch negativ sein. Wenn sie von innen kommt, weil die Person geistig offen ist und eine paranormale Fähigkeit entwickelt hat oder damit geboren wurde, ihr Drittes Auge also geöffnet ist, handelt es sich um eine gute Sache. Eine Lichtwesenheit (ein Engel) mag der Person dabei beistehen, dann ist es umso besser. Es gibt aber auch Fälle einer indirekten und vorgetäuschten Hellsichtigkeit, die eigentlich von einer dunklen Wesenheit herrührt. Sie redet der Person Dinge ein und zeigt sie ihr, und das kann üble Folgen haben. Im schlimmsten Fall wird es zu Schwarzer Magie, denn sie manipuliert den Menschen mit dem, was er zu sehen meint – was aber in Wahrheit eine dunkle Wesenheit für ihn »sieht«.

Ich kannte einen Fall, bei dem genau das passierte. Die Frau war nicht immer sie selbst, und man sah manchmal etwas Fremdes in ihren Augen (vgl. die Symptomaufzählung auf Seite 46-48). In der Rückführung stellte sich dann heraus, dass sie in einem früheren Leben mit dunklen Wesenheiten zusammengearbeitet und Schwarze Magie ausgeübt hatte. Diese Wesenheiten wollten, dass sie auch jetzt wieder mit ihnen zusammenarbeitete.

Das kommt nicht selten vor, wenn man früher so etwas getan hat. Die Wesen wollen dann erneut an einen heran. Die besagte Frau sah darin etwas für sie durchaus Positives, da sie eben manchmal (nicht dauernd) über diese Hellsichtigkeit verfügte. Aber sie sah auch ein, dass es starke negative Seiten hatte, und sie erklärte sich bereit, die Wesenheiten gehen zu lassen und sich von ihnen zu lösen. Ich kann nur hoffen, dass sie es auch wirklich tat.

Meiner Meinung und meinen Erfahrungen nach, die ich in zahlreichen Rückführungen gesammelt habe, ist es ein schwerer Fehler, in Zusammenarbeit mit einer negativen Wesenheit Hellsichtigkeit und Wahrsagerei auszuüben! Der Preis für einen solchen Egotrip (vor allem karmisch) ist viel zu hoch und die Rechnung wird unweigerlich folgen.

Entsprechend gibt es auch Geistheiler, die nicht mit wirklichen Lichtkräften arbeiten, sondern mit dunklen Kräften. Man soll sehr auf seine Gefühle achten, wenn man einen Geistheiler aufsucht! Fühlt man sich wohl bei ihm, kann man ihn annehmen, aber eventuelle ungute Gefühle sollte man als Warnung werten.

## Gläser- und Tischrücken, Ouija-Brett und Pendeln

Das Pendeln kann als Kommunikationshilfe mit dem eigenen unbewussten Ich eine gute Sache sein. Es kann aber auch zu weit gehen: Man kann davon abhängig werden, so dass man ohne Pendel nichts mehr entscheiden kann. Dann ist es möglicherweise so, dass eine Wesenheit und nicht das eigene unbewusste Ich das Pendel steuert! Man muss also vorsichtig damit umgehen.

Noch schlimmer ist das Gläserrücken oder das Streben nach Kontakt mit Seelen und Wesenheiten durch das Ouija-Brett und Ähnliches. Dieses Spiel ist gefährlich, und man kann auf diese Art eine negative Wesenheit anziehen! Lassen Sie also besser die Finger davon und bitten Sie beispielsweise beim Pendeln darum, es in Christi Namen geschehen zu lassen, so dass negative Einflüsse ferngehalten werden. Meldet sich jemand irgendwie beim Gläserrücken und ähnlichen Verfahren, *muss* die erste Frage unbedingt lauten: »Kommst du in Christi Namen?«

Jemand, den ich in den 1980ern kennenlernte, experimentierte viel mit dem Pendel und entdeckte, dass er mithilfe einer Buchstabentafel Botschaften hervorpendeln konnte. Später erkannte er, dass er dafür das Pendel nicht mehr brauchte. Er brauchte nur mit den Fingern über die Buchstaben zu fahren und fühlte dann die richtigen heraus. Er erhielt sehr bemerkenswerte Botschaften, unter anderem, dass er eine spirituelle Organisation gründen solle. Dafür sollte er einen Kredit aufnehmen, und das Geld würde bald vielfach zurückkommen. Die Prophezeiung erfüllte sich nicht, und nach Konkurs und Verschuldung mussten er und seine Frau einsehen, dass sie einer negativen Wesenheit auf den Leim gegangen waren.

In einem anderen Fall konnte eine Frau ebenfalls durch das Pendeln mit einer Wesenheit in Kommunikation treten. Und auch bei ihr kamen spannende Botschaften. Es wurde ihr mitgeteilt, dass sie keine Empfängnisverhütung bräuchte, denn sie würde doch nicht schwanger! Einige Zeit später *war* sie schwanger.

Ich führte sie zur Begegnung mit dem höheren Selbst, um dort der Wesenheit zu begegnen. Auf die Frage: »Kommst du in Christi Namen?«, antwortete diese unverblümt: »Nein.« Wir führten die Wesenheit ins Licht. Was aus dem Kind wurde, habe ich nie erfahren, und ich habe mich gehütet, Fragen zu stellen, die möglicherweise negative Gefühle dem Kind gegenüber verursachen könnten, denn es sollte unter allen Umständen in Liebe aufwachsen! Aber man fragt sich schon, was diese Wesenheit mit jenem Spiel beabsichtigt hatte.

## Abgetrennte Seelenanteile

Eine alte schamanische Lehre sagt,[18] dass unter Umständen ein Teil der Seele sich von einer Person lösen kann. Natürlich nicht die ganze Seele, denn dann wäre die Person ja tot. Das geschieht beispielsweise durch ein stark

---

18   Sandra Ingerman, *Soul Retrieval*, HarperSanFrancisco, Div. of Harper Collins, New York 1991, und *Welcome Home*, HarperSanFrancisco, Div. of Harper Collins, New York 1993. Deutsche Übersetzungen: *Auf der Suche nach der verlorenen Seele*, Econ Taschenbücher, 2. Auflage, Berlin 2001, sowie *Die Heimkehr der Seele*, Econ Taschenbücher, Berlin 2001.

traumatisches Erlebnis. Der Seelenanteil will das Erlebte nicht mehr erleben und geht weg. Der Schamane begibt sich dann auf eine Reise in für uns unsichtbare Bereiche und nimmt dabei einen »Seelenfänger« mit. Wenn er den Seelenanteil findet, bringt er ihn zurück, um ihn wieder mit der Hauptseele zu vereinigen.

Wer einen Teil seiner Seele verloren hat, wird zum Beispiel emotional etwas abgestumpft sein. So etwas geschieht nicht selten bei sexuellem Missbrauch eines Kindes (oft vorübergehend). In Rückführungen bin ich allerdings nur wenigen Fällen begegnet, in denen sich so etwas herausstellte. Mit Hilfe des Helfers fanden wir dann immer den fehlenden Seelenanteil und motivierten ihn im Gespräch – unter anderem mit dem Hinweis darauf, dass die Gefahr schon längst vorbei sei –, wieder zur Hauptseele zurückzukehren.

## Warum lässt Gott das alles zu?

Nun zuallerletzt eine Frage, die viele Menschen beschäftigt: »Wie kann es sein, das Gott das alles zulässt?« Auch darauf hat das gnostische Christentum eine Antwort: *Weil wir es so haben wollen!* Wie in Kapitel 3 erklärt, *wollten wir aus der Lichtwelt heraus*, um Erfahrungen zu machen, die wir in der Lichtwelt nicht machen konnten!

Wir wollten unseren freien Willen voll ausleben, selbst dann, wenn wir damit andere verletzen – auf »Biegen und Brechen«. Aber verletzen wir egoistisch und rücksichtslos andere, müssen wir unausweichlich dafür bezahlen: Wir werden selbst die Schmerzen fühlen oder das Schicksal erleben müssen, das wir anderen zufügten. Nicht als Strafe, sondern als eine Lektion, damit wir begreifen, wie falsch das ist. Damit wir *endlich* die selbstlose Liebe voll annehmen und sie leben können und die Trennung zwischen Menschen – ja, zwischen Lebewesen überhaupt – aufgehoben wird. Denn solange diese Trennung besteht, *können* wir nicht in die Lichtwelt gehen, um dort zu bleiben, weil es dort eben keine solche Trennung gibt und nicht geben kann. Ein Weg, diese zu überwinden, ist das *Mitgefühl*.

Man muss wohl auch bedenken, dass 1.000 Jahre für den zeitlosen Gott so schnell vergehen wie für uns eine Sekunde – und für unsere *unsterbliche* Seele vielleicht wie ein Monat.

Zugegebenermaßen haben sich jedoch die Zustände auf dieser Erde extrem verschlimmert: Krieg, Gewalt, Machtgier, immer tödlichere Waffen, Leid und Not nehmen zu. Deshalb kann es nicht anders sein, als dass wir bald einen Punkt erreichen, *an dem es so nicht mehr weitergehen kann.*

Was geschieht dann?

# 3

# Theologischer und religionsgeschichtlicher Hintergrund

Wie das Wissen um geistige Dimensionen in der
Christenheit verloren ging

Wie kam es, dass das urchristliche Wissen um geistige
Realitäten verloren ging? In der geschichtlichen
»Entwicklung« des Christentums war dieses Wissen
offensichtlich nicht mehr erwünscht, und so trat an seine
Stelle ein »politisch korrektes« Dogma.

## Dualismus und Polarität

Der ganze Kosmos besteht im Wesentlichen aus Polaritäten. In der Physik begegnen wir ihnen in vielfältiger Form: positive und negative Pole in Elektrizität und Magnetismus, positiv und negativ geladene Teilchen, die Spannungsfelder erzeugen. Aber es existieren auch neutrale Objekte und Teilchen. Die Bezeichnungen positiv und negativ sind hier übrigens keine Wertungen, sondern sollen nur einen Unterschied markieren. Da dieses Buch keine Abhandlung über Physik sein kann, dürften diese unmissverständlichen Bemerkungen genügen.

In Philosophie und Theologie wird oft über Dualitäten gesprochen. Sie sind eigentlich auch Polaritäten, aber hier meistens mit einer Wertung verbunden: »Negativ« ist schlecht, und »positiv« ist gut. Diese werden oft mit einer Art von »Spannungsfeldern« verbunden, oder mit Konflikten. Das kirchliche Christentum lehnt einerseits eine Dualität wie »Materie ist negativ« und »Geist ist positiv« ab. Es hält deshalb auch den materiellen Körper und die Seele für untrennbar.

Die Kirche vertritt jedoch eine Form von Dualität im Hinblick auf die Gegensätze »Gott-Teufel« und »Himmel-Hölle«. Im Folgenden werde ich mich besonders an das gnostische Christentum halten, in dem eine Dualität zwischen »Materie« und »Geist« zum Ausdruck kommt. Hier spielt die Trennung zwischen Körper und Seele eine wichtige Rolle.

# Eine kurze Geschichte der Christenheit

Das Christentum entstand aus dem Judentum. Was manche Christen vom Judentum auch halten mögen (die Kirche war ja in ihrer langen Geschichte den Juden meistens leider nicht sehr wohlgesonnen), es ist eine Tatsache, dass Jesus als Jude geboren wurde. Er kannte sich schon früh sehr gut mit der jüdischen Religion aus – so gut, dass die Priester im Tempel ihn himmelhoch lobten, als er dort zwölfjährig über religiöse Fragen sprach. Dann verschwand er, und niemand weiß mit Sicherheit, wo er in dieser Zeit abgeblieben war. Es gibt darüber verschiedene Theorien. Manche behaupten, dass er sich in Ägypten aufhielt, andere, dass er weiter östlich in Asien reiste. Auf jeden Fall wird er nicht in Israel als Schreiner gearbeitet haben, ohne sich weiter mit religiösen Fragen zu beschäftigen. Wo er auch gewesen sein mag, er wird viel dazugelernt haben – und es reifte in ihm die Botschaft, mit der er eigentlich gekommen war. Als er siebzehn Jahre später zurückkehrte, fing er jedenfalls an, die Menschen etwas Neues zu lehren.

Er sprach besonders über die Liebe. Die Menschen hörten ihm zu, und viele waren von seinen Worten angetan. So entstand um ihn herum ein Kreis von Interessierten und Anhängern, der allmählich wuchs. Eigentlich entstanden sogar *zwei* Kreise: ein *äußerer* Kreis und ein *innerer* Kreis. Der innere Kreis bestand aus seinen Jüngern und anderen ihm besonders nahestehenden Personen. Dass man von zwei Kreisen sprechen kann, geht unter anderem aus dem folgenden Bibelwort hervor: »Noch vieles habe ich euch zu sagen, aber ihr könnt es jetzt nicht ertragen.« (Joh 16,12) Was er demnach nicht öffentlich sagte, also im äußeren Kreis, hat er selbstverständlich im inneren Kreis besprochen, und seine Jünger wussten darüber Bescheid.

Zum äußeren Kreis gehörten Menschen, die in der Theologie eher etwas abwertend als »Judenchristen« bezeichnet werden, als ob sie keine echten Christen wären, da sie sich immer noch an jüdische Bräuche hielten (was auch ihr gutes Recht war). Aber sie waren natürlich sehr wohl echte Christen, da doch viele von ihnen direkt von Jesus selbst gelernt hatten.

In der Welt herrschten damals – wie es heute noch der Fall ist – negative Kräfte über die Menschen, nicht zuletzt über ihre Führer und diejenigen, die in der Gesellschaft Macht und Einfluss haben. Jenen Kräften gefiel nicht, was Jesus lehrte, und sie wollten ihn loswerden. Er sprach nämlich auch über manches, was jene Kräfte die Menschen lieber nicht wissen lassen wollten. Er begann, eine neue Spiritualität zu lehren, eine neue Religionsanschauung, wodurch die Menschen langsam von der negativen Kontrolle der Menschheit erfuhren.

Und gleichzeitig zeigte er ihnen einen Weg in die Freiheit. Dieser Weg entsprach im Grunde dem Prinzip Ghandis vom »Nicht-Mitmachen« (zivilen Ungehorsam): nämlich, beim Üblen und Bösen nicht mitzumachen, sondern eher auf sein Herz zu hören als auf seinen Verstand und keinesfalls auf sein Ego. Leider erreichten die negativen

Kräfte schließlich, und zwar durch die unbewusste Beeinflussung von Menschen wie den Hohepriester Kaiphas (auch Kajafas, eigentlich Qajafa), dass Jesus gekreuzigt wurde – in der Hoffnung, dass dann die neue Lehre im Sand versickern und allmählich verschwinden würde. Doch das Gegenteil geschah. Die neue Bewegung wurde durch seinen Tod stärker und wuchs weiter an. Sein Opfer gab ihr mehr Kraft.

Darüber waren jene Kräfte besorgt, die Macht und Kontrolle über die Menschen beanspruchten, und sie ersannen eine neue Strategie. Sie wollten nun diese christliche Bewegung beeinflussen und in ihrem Sinne steuern. Dazu ließen sie Paulus auf die Bühne, einen Mann, der vorher als Saulus Christen verfolgt hatte.

Hatte ihn etwas zum Glauben derjenigen bekehrt, die er früher verfolgte, wozu besonders die gnostischen Christen gehörten? Irgendeine tiefgreifende Begebenheit? Nein, er verkündete schlicht eine eigene und abgewandelte Form des Christentums. Er bedauerte auch öffentlich, zu spät geboren zu sein, um Jesus begegnet zu sein (vgl. 1Kor 15,8). Was er lehrte, war anscheinend seine eigene Auffassung von Jesu Lehre, die er eher vom Hörensagen kannte und die darum nicht wirklich ursprünglich war. Sie mag sehr wohl subjektiv ausgelegt und möglicherweise ohne Paulus' Wissen von jenen negativen Kräften inspiriert worden sein.

Was die Bekehrung des Paulus betrifft, möchte ich einen Vergleich mit der Vision Konstantins heranziehen. Letzterer sah am Himmel ein Kreuz aus Licht und vernahm dazu die Worte: »In diesem Zeichen wirst du siegen!« (Es gibt auch einige abweichende Darstellungen der Geschichte, in denen von einem Traum die Rede ist.) Der Kaiser verwendete dann das Zeichen in den Kämpfen, und er siegte. War diese Offenbarung wirklich von Christus? Von einem Christus, der uns lehrte: »Du sollst nicht töten« (Matth 5,21 und 19,18, Mark 10,19, Luk 18,20), »Wer zum Schwert greift, wird durch das Schwert umkommen« (Matth 26,52) und »Liebet eure Feinde« (Matth 5,44, Luk 6,27 und 6,35)? Das steht in krassem Widerspruch! Christus hätte zum Frieden aufgefordert, zur Versöhnung mit jenen, die der Kaiser als Feinde betrachtete.

Also kann diese Vision offensichtlich nicht von Christus gekommen sein. Von wem kam sie dann? Doch wohl weitaus eher von den erwähnten negativen Kräften, die später auch die Kirche dazu bringen wollten, vom wahren Christentum abzuweichen – und welche die Kirche zum Werkzeug ihres Einflusses auf die Menschen machen wollten und schließlich machten.

Was ist vor diesem Hintergrund zur Bekehrung des Paulus zu sagen? Er sah gemäß der Überlieferung ein helles Licht und hörte eine Stimme sagen: »Saul, Saul, warum verfolgst du mich?« (Apg 9,4)

Könnte es sein, dass auch hier jene dunklen Kräfte einen unwissenden Agenten aus Saulus machen wollten, der ein abgewandeltes Christentum und eine Entfremdung von der wahren Lehre Jesu in die Welt bringen sollte? In dem Film *Die letzte Versuchung Christi* von

Martin Scorsese sieht man den zur Schreinerei zurück-
gekehrten Jesus über den redenden Paulus sagen, dass
es doch falsch sei, was er da verkünde. Daraufhin ver-
zichtet Jesus im Film auf den Weg des Schreiners, kehrt
zu seinem wahren Weg zurück und lässt sich kreuzigen.
Wollte Scorsese hier eine ganz ähnliche Überlegung zum
Ausdruck bringen?

Paulus war Epileptiker.[19] In früheren Zeiten wurde Epilepsie oft als Symptom von Besessenheit gesehen (vgl.
Luk 9,38-42). Er deutete auch selbst an, von einem Engel
Satans belästigt worden zu sein (2Kor 12,7). (Im Hinblick
auf Kapitel 2 ist das nicht so zu verstehen, dass Epilepsie
*immer* mit einer Besetzung zu tun hätte, und doch ist dies
in gewissen Fällen eine *mögliche* Erklärung.)

## Das gnostische Christentum

Die paulinische Lehre ist nicht als eine rein persönliche
Abwandlung zu betrachten, sondern bezieht sich ebenso
auf den *äußeren* Kreis, wo Jesus manches unerwähnt ließ.
Noch bevor Paulus seine Bekehrung hatte und mit seiner
Verkündung anfing, setzte von ihm unabhängig eine an-
dere christliche Bewegung ein, die allmählich groß und
stark werden sollte: das gnostische Christentum. Dieses
*Urchristentum* bezog sich wohl eher auf den *inneren* Kreis,

---

19  http://eugrafal.free.fr/Dewhurst-Beard-2003.pdf; http://www.ncbi.
   nlm.nih.gov/pmc/articles/PMC1033172/pdf/jnnpsyc00541-0142.
   pdf; http://www.ncbi.nlm.nih.gov/pmc/articles/PMC1032067/pdf/
   jnnpsyc00553-0001.pdf

wovon auch die erst im 20. Jahrhundert wiedergefundenen gnostischen Schriften künden. Somit kannten die gnostischen Christen manches, das Jesus nicht öffentlich erwähnt, aber sehr wohl seinen Jüngern gesagt hatte.

Was das gnostische Christentum betrifft, gibt es der heutigen theologischen Wertung nach zwei Schulen:[20]

- Die herkömmliche deutsche Schule geht davon aus, dass das gnostische Christentum aus einer vorchristlichen Gnosis entstanden und deshalb nicht wirklich christlich sei.
- Die angelsächsische und französische Schule hält hingegen die Behauptung von einem Ursprung in einer vorchristlichen Gnosis für subjektiv und spekulativ, da dies *nicht nachgewiesen* ist. Die Position dieser Schule lautet, *dass keiner der Texte die Annahme einer vorchristlichen Gnosis erlaubt, und auch nicht Vorstufen.*

Die deutsche Haltung hat sich inzwischen besonders durch bahnbrechende kritische Arbeiten von Carsten Colpe der letzteren angenähert.

Man kann von einer eingeschränkten versteckten Sympathie der modernen Theologen für das gnostische Christentum sprechen. Es lässt sich also heute nicht mehr behaupten, dass die christlichen Gnostiker keine wahren Christen gewesen seien.

---

20  *Theologische Realenzyklopädie*, Bd. XIII, hrsg. v. Gerhard Müller, Walter de Gruyter, Berlin 1984, zum Gnostizismus s. S. 519-550.

Die Merkmale des gnostischen Christentums sind:

- ein radikaler Dualismus, der diese Welt als böse und unter der Herrschaft feindlicher Mächte stehend betrachtet;
- eine Unterscheidung zwischen dem unbekannten, transzendenten und wahren Gott und dem Demiurgen oder Schöpfer dieser Welt (Jahwe);
- der Mensch ist seiner wahren Natur nach dem Göttlichen wesenhaft gleich;
- ein Mythos von einem vorweltlichen Fall, der den gegenwärtigen Zustand des Menschen erklärt;
- auf dem Wege der Gnosis erlangt der Mensch durch die Einsicht in seine wahre Natur und seinen himmlischen Ursprung die Befreiung.

Letzteres hat übrigens nichts mit der in der kirchlichen Theologie verpönten »Selbsterlösung« zu tun (eine Idee, die diese Theologie manchen esoterischen Strömungen vorwerfen möchte), denn eine solche kann es gar nicht geben. Wahre Erlösung kann es nur auf einem Weg geben, den Gott dafür eingerichtet hat. Wie sollte es sonst eine Erlösung durch ihn sein können?

Das Wort »gnostisch« kommt vom griechischen Wort *gnorízo*, das »erkennen, wissen« bedeutet. Die Bezeichnung heißt also wörtlich »wissende Christen«. Demzufolge gerät man leicht in Versuchung, die anderen als »unwissende Christen« zu bezeichnen (oder, mit einem modernen Begriff ausgedrückt, als »Christentum light«).

# Weitere Geschichte der Christenheit

Das paulinische Christentum siegte schließlich über das gnostische Christentum. Durch Kaiser Konstantin wurde das paulinische (abgewandelte) Christentum zu einer Kirche erhoben. Das ursprünglichere gnostische Christentum wurde als Häresie betrachtet. Es entstand eine Kirche, die mit roher Gewalt Gegner und konkurrierende Bewegungen unter anderem durch mörderische Kreuzzüge beseitigte, durch Inquisition, Verbrennungen von »Hexen« oder der Anstiftung und Förderung von Kriegen – also mit höchst *unchristlichen* Methoden, die der Lehre Jesu zuwider laufen.

Die schon erwähnten negativen Mächte beherrschen dadurch heute noch einen großen Teil der Menschheit. In mancherlei Hinsicht wirkt die Kirche inzwischen fast wie ein »Unchristentum« mit pseudochristlicher Fassade; jedenfalls ist sie in unserer Zeit eher paulinisch und konstantinisch als wahrhaftig jesustreu christlich orientiert.

Konstantin hatte offensichtlich rein politische Absichten (wahrscheinlich war auch er von den genannten Mächten unbewusst beeinflusst) und wollte mithilfe dieser Kirche, also mit dem Christentum als Mittel zum Zweck, seine Macht im Römischen Reich ausbauen und ausüben und mit ihr die Völker im Reich »unter einem Dach« vereinigen.

Als er sich in Trier (damals Augusta Treverorum) zum Kaiser ausrufen ließ, war das Reich in vier Teile aufgeteilt. Die konkurrierenden Regenten, die über die drei anderen

Teile herrschten, waren im Westen Maxentius und im Osten Licinius und Maximinus Daia. Konstantin besiegte in blutigen Kämpfen erst Maxentius und dann mit Hilfe von Licinius auch Maximinus Daia, wofür er bereits vorher Licinius seine Schwester zur Frau gegeben hatte. Seine »Dankbarkeit« erwies er Licinius anschließend dadurch, dass er auch gegen ihn einen Krieg anfing und ihn später ermorden ließ.

Jene anderen drei Kaiser werden in der kirchlichen Geschichtsschreibung als Christenverfolger dargestellt, was eine Beschönigung der Tatsachen ist und als Geschichtsverfälschung betrachtet werden muss. Dass Konstantin seine Vision von einem Kreuz aus Licht am Himmel hatte, ist wohl eher im Zusammenhang damit zu sehen, dass er zunächst Heide war und deshalb Orakel um Rat zu fragen pflegte, und diese »Eingebung« wird wohl auf diese Weise entstanden sein, da sie (wie oben bereits erklärt) mit einem wahren Christentum nicht vereinbar ist.[21]

In der Absicht, den Grundstein einer Kirche als Werkzeug seiner Macht zu legen, rief Konstantin im Jahre 325 Vertreter verschiedener christlicher Gruppierungen zu einem Konzil in Nicaea (Nizäa, heute İznik in der Türkei) zusammen, und es kamen auch einige gnostische Christen. Sie haben aber ihren Glauben nicht darstellen dürfen. Sie wurden mundtot gemacht, ihre Texte wurden ihnen

---

21 Robert Sträuli, *Origenes der Diamantene*, ABZ, Zürich 1987; Karlheinz Deschner, *Kriminalgeschichte des Christentums*, Band 1, Rowohlt, Reinbek 1986, S. 365; und Jan Erik Sigdell, *Reinkarnation, Christentum und das kirchliche Dogma*, Ibera, Wien 2001, S. 105-108.

aus den Händen gerissen und verbrannt. Ihre Anträge und Bittschriften übergab der Kaiser ungeöffnet dem Feuer.[22] Nach dem Konzil wurden sie als Häretiker betrachtet, was offensichtlich – wieder einmal – rein politisch motiviert war.

Wir können deshalb mit gutem Grund annehmen, dass jene Form von Christentum, die der ursprünglichen Lehre Jesu am nächsten kam, die Hauptströmung des gnostischen Christentums gewesen ist. Der christliche Gnostizismus entstand jedenfalls nicht später als das paulinische Christentum und entstand fast 300 Jahre früher als das Dogma der Kirche, die auf dem Konzil von Nicäa im Jahre 325 lange nach Jesu Tod gegründet wurde.

Die Katharerversion des gnostischen Christentums (siehe folgender Abschnitt) könnte dann das echteste Christentum gewesen sein, das es je gab. Deshalb gibt es Christus sozusagen *zwei Mal*: als den echten, dessen Sprachrohr Jesus war, und als einen vom Dogma erschaffenen Schein-Christus, welcher der Politik einer weltlich gewordenen Kirche dienen soll.

## Die Katharer

Die letzte große gnostische Bewegung war die der Katharer. Das Katharertum entstand unter anderem aus einer gnostischen Strömung, die aus der Gegend um Bulgarien

---

22  Charles Joseph Hefele und Henri Leclercq, *Histoire des conciles,* Bd. 1, Buch 2, Letouzey et Ané, Paris 1907, S. 335-624.

stammte und dann besonders im Süden Frankreichs angesiedelt wurde.[23] Im 13. Jahrhundert wurden die Katharer fast bis zum letzten Mann, zur letzten Frau und zum letzten Kind in einem Völkermord von den Soldaten der Kirche grausam abgeschlachtet. Papst Innozenz III. – und man beachte, dass Innozenz »unschuldig« heißt – rief 1209 zum Kreuzzug gegen dieses Volk auf, und allen katholischen Teilnehmern der Kreuzzüge wurde die ewige Seligkeit versprochen. Über mehr als 100 Jahre wurde das Land in einem grauenhaften Ausrottungsfeldzug verwüstet.[24]

Die Katharer betrachteten sich als reine (griech. *katharós*[25]) Christen und hielten sich unter anderem so konsequent an das Gebot »du sollst nicht töten«, dass sie vegetarisch lebten. Sexualität war für sie nicht wirklich eine Sünde, aber unerwünscht, da durch sie Kinder gezeugt werden, die nur dadurch leben konnten, dass sich Seelen in ihnen inkarnierten. Ihretwegen mussten also Seelen in diese für die Katharer negative materielle Welt hinabsteigen.

Die Theologische Realenzyklopädie stellt über den katharischen Glauben fest: »Aus einem Teil der gefallenen Engel werden die Seelen der Menschen, denn diesen En-

---

23  http://de.wikipedia.org/wiki/Katharer
24  http://www.das-weisse-pferd.com/03_03/die_katharer.html
25  Aus dieser Bezeichnung ist das deutsche Wort »Ketzer« entstanden, das etymologisch gesehen eher positiv besetzt ist! Deshalb verwende ich lieber die Bezeichnung »Häretiker« für Menschen, die nach Wertung des kirchlichen Christentums als Irrlehrer betrachtet werden.

geln gab Satan den Körper als Gewand, um ihre Erinnerung an die himmlische Heimat auszulöschen. ... Diese spezifische Seelenvorstellung führt konsequent zum Glauben an die Metempsychosis [Reinkarnation], womit der Seele zu ihrem Zurückerinnern nicht nur ein [einziges] begrenztes menschliches Leben zur Verfügung steht.«[26] (Verdeutlichungen des Autors in eckigen Klammern.) Christus ist nach kirchlicher Lehre der Befreier aus der satanischen Macht.

Die Theologie hat bis in die jüngste Zeit die Lehre der Katharer für eine Irrlehre gehalten, aber zeitgenössische religionsgeschichtliche Forschungen haben sie rehabilitiert. Die erwähnte Enzyklopädie stellt weiter fest: »Die Christlichkeit ihres Lebens, aber auch ihres Glaubens, ist an allen Punkten nachweisbar. ... Neuere Forschungsergebnisse machen eine Revision des übernommenen Katharerbildes notwendig. Insbesondere kann festgestellt werden, dass gerade die katharische Lehre in vielen Punkten, bewusst und unbewusst, verzerrt wurde, sei es durch a-priori-Urteile, in deren Licht dann Quellenaussagen genau in die gewünschte Richtung hineininterpretiert wurden ... Vor allem die jüngere französische Forschung ... beweist, *dass die Wertung der Katharer als ›unchristlich‹ nicht mehr aufrechterhalten werden kann.*«[27] (Hervorhebung von mir.)

---

26  *Theologische Realenzyklopädie*, Bd. XVIII,, hrsg. v. Gerhard Müller, Walter de Gruyter, Berlin 1989, zum Katharertum, S. 21-30.

27  *Theologische Realenzyklopädie*, siehe vorige Fußnote.

Die grausame Ausrottung dieser Menschen, ganz in Widerspruch zur Lehre Jesu, gehört zu den größten Verbrechen der Kirchengeschichte.

## Reinkarnation und Christentum

Die gnostischen Christen lehrten also nachweislich die Reinkarnation der Seele, die frühen Gnostiker ebenso wie die späteren im Katharertum. Diese Lehre wird vom Kirchendogma als »unchristlich« bezeichnet. Aber die gnostischen Christen waren *Urchristen!* Wie geht das zusammen?

## Reinkarnation und die Bibel

Es wurde immer wieder behauptet, dass die Bibel der Vorstellung von der Reinkarnation widerspräche. Geht man jedoch zu den Urtexten auf Griechisch und Hebräisch zurück, findet man an entsprechenden Stellen, dass diese auch anders übersetzt werden können. Es gibt keinen stichhaltigen Widerspruch zur Reinkarnation, aber dafür gleich mehrere Bibelstellen, die anders und sprachlich richtig übersetzt sogar *für* die Reinkarnation sprechen können.[28]

---

28  Jan Erik Sigdell, *Reinkarnation, Christentum und das kirchliche Dogma*, Ibera, Wien 2001, S. 112-120; Jan Erik Sigdell, *Wiedergeburt und frühere Leben*, Heyne, München 2008, S. 153-160; allerdings ist letzteres Buch inzwischen vergriffen. Eine erweiterte Neuausgabe erschien 2015 im AMRA Verlag, Hanau.

Außerdem wurde wiederholt behauptet, man habe Bibeltexte dahingehend abgeändert, dass Hinweise auf die Reinkarnation entfernt oder umformuliert wurden. Dafür gibt es keine eindeutigen Belege! Hingegen wurden Bibelstellen in vielen Fällen aus taktisch-dogmatischen Gründen so *übersetzt*, dass eine andere, sprachlich ebenfalls richtige Deutungsmöglichkeit uns vorenthalten und damit ein anderes Verständnis verschleiert wird. Das ist aber auch eine Manipulation!

### *Hat die Fegefeuerlehre mit Reinkarnation zu tun?*

Es gibt »Außenseitertheologen«, die das behaupten.[29] Wir stellen zunächst fest:

- Das Dogma vom Fegefeuer wurde gleichzeitig mit der Katharerausrottung zum Dogma erhoben.[30]
- Die Katharer sprachen von der Reinkarnation als Reinigungsprozess für die Seele.
- Das Dogma spricht vom Fegefeuer als Reinigungsprozess für die Seele.

Hat man also die Reinkarnationslehre der Katharer durch eine Fegefeuerlehre ersetzen wollen? Das hat sogar der große katholische Theologe Karl Rahner angedeutet![31]

---

29  Geddes MacGregor, *Reinkarnation und Karma im Christentum*, 2 Bde., Aquamarin, Grafing 1985 und 1986.

30  Die Fegfeuerlehre wurde im Jahre 1254 auf dem 1. Konzil in Lyon zum Dogma erhoben, siehe: http://en.wikipedia.Org/wiki/History_of_Purgatory#First_Council_of_Lyon.

31  Karl Rahner, *Grundkurs des Glaubens*, in: *Sämtliche Werke*, Bd. 26, Benziger, Zürich und Herder, Freiburg i.Br. 1999, S. 416-417, und

Die katholische Lehre gibt drei Alternativen an:

- Warst du gut genug, kommst du nach dem Tod in den Himmel;
- warst du schlecht genug, kommst du (für immer!) in die Hölle;
- aber warst du ein mäßiger Sünder, gehst du erst durch das Fegfeuer und dann in den Himmel.

Die gnostische Lehre lautet (siehe Seite 17 ff.):

- Warst du gut genug, steigst du nach dem Tod in die unterste Ebene der Engelhierarchie auf und gehst dann weiter himmelwärts;
- warst du schlecht genug, fällst du auf die zwölfte Ebene, die Ebene von Dämonen und Widersachern (wenn auch nur so lange wie für Umkehr und Wandlung nötig);
- wer aber dazwischen liegt, wird wieder Mensch und geht zuerst durch die »Seelenreinigung der Reinkarnation« und danach auf die unterste Ebene der Engelhierarchie (um dann auf der »Jakobsleiter« der Hierarchien weiter lichtwärts zu steigen).

*Die Parallelen sind auffallend und sprechen für ein Verständnis des Fegfeuers als Seelenreinigung durch Reinkarnation – verschleiert und bis zur Unkenntlichkeit umbenannt!*

---

»Fegfeuer«, in: *In Sorge um die Kirche*, in: *Schriften zur Theologie*, Bd. XIV, Benziger, Zürich, S. 447-449. Es scheint, dass man heute (nach seinem Tod 1984) seine diesbezügliche Äußerungen in der kirchlichen Theologie sorgfältig verschweigt.

Das Dogma wollte uns somit eine Art »Alternative«
zur Reinkarnation als Reinigungsweg geben.

## Warum ging die christliche Reinkarnationslehre verloren?

Sie kehrt heute ja wieder! Die »Reinkarnation« jener
Lehre im Christentum vollzieht sich schon lange allmählich im Volk. Aber zunächst ging sie durch die Gründung
der kirchlichen Lehre beim Konzil in Nicäa im Jahre 325
verloren, weil man die christlichen Gnostiker nicht zu
Wort kommen ließ. Das neue Glaubenssystem schloss
die Reinkarnationslehre aus (und Paulus erwähnte sie
auch nicht). Warum? Eindeutig aus politischen Gründen!
Kaiser Konstantin wollte die Kirche zum Werkzeug seiner
Macht machen. Er führte Kriege und brauchte Soldaten.
Wenn der Soldat weiß, dass er wiedergeboren wird – und
das vielleicht sogar auf der anderen Seite der Front –, ist
er meistens nicht gut als Soldat zu gebrauchen.

Der Kaiser brauchte auch sonst skrupellose Staatsdie-
ner und Beamte. Das Werkzeug der Macht sollte außerdem ein kräftiges und scharf geschliffenes Schwert sein.
Der Mensch sollte glauben, nur durch die Kirche in den
Himmel kommen zu können, und nicht wissen, dass
wir alle dorthin gelangen – es ist nur eine Frage, nach
wie vielen Inkarnationen. Wir sollten glauben, dass wir
sonst auf ewig verloren wären, und nicht, dass am Ende
alle gerettet werden. Daher die Taktik und Angstma-
cherei des »Außerhalb der Kirche kein Heil« *(extra ec-*

*clesiam nulla salus)*, ein Spruch, der absurd ist, denn dann wäre ja der weitaus größte Teil der Menschheit (seit ihrem Entstehen summiert) für immer verloren – was ein vernichtend miserabler »Wirkungsgrad« der Schöpfung wäre.

Die gnostischen Christen lehrten also die Präexistenz der Seele und die Reinkarnation als Stufenweg zurück zu Gott. Um das Jahr 300 herum stellte Methodius (Geburtsjahr unbekannt, gestorben 311, zur Unterscheidung von einem anderen Methodius auch Pseudo-Methodius genannt)[32] eine neue Lehre auf: Der ganze Mensch, mit Leib und Seele, sei ursprünglich unsterblich gewesen. Der Tod mit Trennung von Leib und Seele sei durch den Neid des Teufels in die Welt gekommen. Gott stelle mit der Auferstehung den Menschen mit Leib und Seele wieder her. Diese Lehre wurde in Nicaea bereitwillig übernommen, offensichtlich deshalb, weil sie besser in Konstantins Strategie passte.

Es kam in Glaubensfragen zu einem Streit mit Arius (Áreios, geboren ca. 256-260, gestorben 336). Er war ein origenistisch geprägter Christ, der die Meinung vertrat, Christus sei von Gott erschaffen. Da seine Schriften auf Befehl Konstantins fast vollständig verbrannt wurden, kennen wir seine Lehren heute fast nur aus den Äußerungen seiner Kritiker. Ob er auch die Präexistenz der Seele oder gar die Reinkarnation gelehrt hat, ist deshalb nicht mehr festzustellen. Die Streitigkeiten um Gottesi-

---

32  http://de.wikipedia.org/wiki/Methodios_von_Olympos

dentität und das Erschaffensein des Christus wurden im Machtkampf um die klerikale Herrschaft ausgenutzt. Alexander, der Gegner von Arius, regte diesen Streit aus eigennützigen Motiven an, da er so Bischof von Alexandria werden konnte. Schließlich mischte sich auch Kaiser Konstantin in die Auseinandersetzungen ein und fand darin einen passenden Anlass für seine manipulativen Bestrebungen. Mit dem Konzil wollte er vordergründig diesen Streit beenden, aber im Hintergrund hatte er andere Pläne.

Zu jener Zeit entstand auch noch ein monotheistisches Heidentum, von dem sich das Kaisertum bedroht fühlte, denn in einem polytheistischen Glaubenssystem konnte der Kaiser selbst als Gott dastehen. Dass diese monotheistischen Heiden mehr Zuneigung zu den Christen empfanden als zu den Polytheisten, war dem weltlichen Herrscher ebenfalls ein Dorn im Auge. Manchem Vertreter des Kaisertums passte dann noch eher die Vorstellung von einer ungewordenen und unerschaffenen Identität von Christus und Gott (anstatt der Vorstellung, dass Christus von Gott erschaffen war) – sozusagen als Kompromiss, mit dem man im Grunde wieder *zwei* Götter hätte.[33]

Dies dürfte ein Hintergrund des arianischen Streites gewesen sein, der schließlich zum Konzil von Nicäa führte.

---

33  Robert Sträuli, ebenda. Er bezieht sich besonders auf die folgenden Historiker: Jacob Burckhardt, *Gesammelte Werke*, Band 1, Schwabe, Basel, und Wissenschaftliche Buchgesellschaft, Darmstadt, Neuauflage 1978, sowie auf Kurt Alard, *Geschichte der Christenheit*, Band 1, Mohn, Gütersloh 1980.

Im Zuge der hier aufgezeichneten Entwicklung verschwand die Reinkarnationslehre aus dem zur Kirche werdenden Christentum.

## Hat Origenes die Reinkarnation gelehrt?

Das Kirchendogma stellt den großen Gnostiker Origenes (184 oder 185 bis 253 oder 254) als einen Gegner der Reinkarnationslehre dar. Stimmt das wirklich?

*Der gelehrte Origenes*
Die Kirche in ihrer heutigen Form wurde also auf dem Konzil von Nicaea im Jahre 325 gegründet. Deshalb unterscheidet man oft zwischen pränicäanischen und postnicäanischen Kirchenvätern. Origenes war der bedeutendste pränicäanische Kirchenvater und einer der meistgelehrten Menschen seiner Zeit. Er hat mindestens zweitausend Schriften verfasst, die alle verbrannt wurden, die letzten am Ende des 6. Jahrhunderts. Übrig geblieben sind nur wenige Fragmente der Originaltexte in griechischer Sprache und einige Zitate seiner Gegner sowie lateinische Übersetzungen. Die in diesem Zusammenhang wichtigste Schrift ist *Perì Árchon* (»Über die Prinzipien« oder »den Ursprung«)[34], die von Rufinus (ca. 345 – ca. 410) übersetzt wurde. Einige Reste der Übersetzung des Hieronymus (340-419 oder 420) liegen

---

34 Origenes, *Vier Bücher von den Prinzipien*, übers. von Herwig Görgemanns und Heinrich Karpp, Wissenschaftliche Buchgesellschaft, Darmstadt 1985.

ebenfalls vor, aber vom Originaltext ist so gut wie nichts überliefert.

## *Neue Funde entlarven manipulierte Übersetzungen*

Rufinus gibt im Vorwort zu seiner Übersetzung selbst offen zu, den Text nach dem Dogma der Kirche »zurechtgelegt« zu haben.[35] Als Ausrede für seine Zensur wird vorgebracht, die griechische Textvorlage des Rufinus sei durch Häretiker und böswillige Personen manipuliert gewesen. Rufinus schrieb deshalb, er habe den Text in seinen »ursprünglichen Zustand zurückgeführt«. Wir werden bald sehen, wie es damit aussieht. Ganz sicher ist zunächst, dass jede positive Äußerung des Origenes über die Reinkarnation – sofern es solche gab – demnach von Rufinus »zurechtgelegt« wurde.

Im Jahr 1941 fand man in Toura im Norden Ägyptens 28 Papyrusblätter mit einer Originalschrift des Origenes zu einem anderen Thema. Es waren seine Kommentare zum Römerbrief. Nun konnte man zum ersten Mal eine Übersetzung mit dem Original vergleichen, was sehr entlarvend war. Diese Arbeit wurde von dem französischen Wissenschaftler Jean Scherrer durchgeführt.[36]

Er zeigt, dass Rufinus

- Textabschnitte hinzugefügt hat, die es bei Origenes nicht gab;

---

35  Origenes, *Vier Bücher von den Prinzipien*, ebenda, S. 77.
36  Jean Scherrer, *Le Commentaire d'Origéne sur Rom. III.5-VJ*, Institut Français d'Archéologie Orientale, Kairo 1952.

- komplexe Abschnitte zu stark vereinfacht hat;
- Textabschnitte an andere Stellen im Manuskript verschoben hat;
- Abschnitte weggelassen und
- Textabschnitte abgeändert hat, in einigen Fällen sogar derart, dass Rufinus' Version das Gegenteil dessen aussagt, was Origenes wirklich geschrieben hatte.

Scherrer schreibt: »Ein persönlicher, tiefgreifender und mehrfacher Eingriff im Text ... ist durchgeführt worden ... er ist eine Mischung von authentischen origenistischen Elementen, umgearbeiteten origenistischen Elementen und nicht-origenistischen Elementen.«[37] Es ist zweifellos damit zu rechnen, dass das Gleiche mehr oder weniger auch für andere Texte des Origenes gilt, die uns ebenfalls nur in Übersetzungen erhalten geblieben sind, und nicht zuletzt für *Perì Árchon*.

### Hat Origenes die Reinkarnation gelehrt?
Wenn wir anhand der vorliegenden Texte prüfen wollen, ob Origenes tatsächlich die Reinkarnation gelehrt hat, stehen wir vor gewissen Schwierigkeiten. Dabei erweisen sich allerdings bestimmte Lücken im Text als unerwartet hilfreich. Was man weggenommen hat, wird uns jetzt zum Nutzen ... Abgesehen davon, dass einige wenige

---

37  Zitiert nach Jean Scherrer, *Le Commentaire d'Origéne sur Rom*, ebenda, S. 86-87.

Stellen im Text (eher Andeutungen als klare Aussagen) Rufinus' Zensur anscheinend entgangen sind.

Origenes schreibt in *Perì Árchon*, dass wir sozusagen gefallene Engel seien. Wir waren in der ursprünglichen Schöpfung alle mit dabei, aber einige der Wesenheiten in dieser Schöpfung – nämlich wir – wandten sich von Gott ab und wollten etwas anderes erleben als das, was Gottes harmonische und liebevolle Lichtwelt zu bieten hatte. Darum versetzte uns Gott in niederere Bewusstseinszustände auf verschiedenen Ebenen in einer Hierarchie unter ihm.

Die Seelen, die auf die zweitunterste Ebene fielen, wurden – nach Origenes zur Strafe – in Menschenkörper versetzt wie in Gefängnisse. Auf der untersten Ebene, so schreibt er, befänden sich die Dämonen und Widersacher.[38] Für Origenes und die Gnostiker gab es keine ewige Verdammnis. Auch wenn die unterste Ebene eine Art von Hölle sein dürfte, bleibt, wer dorthin fällt, nur so lange, wie er braucht, um zu Einsicht, Reue und Umkehr zu gelangen.

Nach Dionysios Areopagita (Areopagítes,[39] vgl. Kapitel 1) befinden sich neun (drei Mal drei) Engelhierarchien zwischen Gott und den Menschen. Die Ebene der Men-

---

38  Origenes, *Vier Bücher von den Prinzipien*, ebenda; vgl. allgemeine gnostische Auffassungen auf S. 273-279.

39  (Pseudo-)Dionysius Areopagita, *Über die himmlische Hierarchie. Über die kirchliche Hierarchie*, übers. v. Günter Heil, Anton Hiersemann, Stuttgart 1986, sowie im Internet: http://www. esoteric.msu.edU/VolumeII/CelestialHierarchy.html und http:// de.wikipedia.org/wiki/Engel.

schen wäre demnach die elfte und die unterste Ebene die zwölfte.

## Was kommt nach dem Tod?

Was geschieht (immer noch nach Origenes), wenn ein Mensch stirbt? War er gut genug, darf seine Seele auf eine höhere Ebene steigen, wo sie keinen physischen Körper mehr haben muss. War er aber schlecht, kann die Seele auf die unterste Ebene fallen, die Ebene der Dämonen. Einige ziehen es stattdessen vor, in Tierkörper einzugehen.[40]

Hier fällt auf, dass eine dritte Alternative fehlt: Was geschieht, wenn der Mensch weder gut genug war, um eine Stufe höher zu steigen, noch schlecht genug, um auf die tiefste Ebene zu fallen? Das betrifft ja die meisten von uns, wird aber im vorliegenden Text nicht erwähnt. Man weiß jedoch, dass Origenes eine umfassende Abhandlung über die Seele geschrieben hatte, die leider verloren gegangen ist.[41] Darin wurde diese Frage mit Sicherheit beantwortet, denn der Gelehrte hat sie gewiss nicht übersehen. Und in Origenes' System passt nur eine Antwort: Eine solche Seele wird wieder zum Menschen. Es ist zu vermuten, dass die Schrift gerade deshalb vernichtet wurde …

---

40  Origenes, *Vier Bücher von den Prinzipien*, ebenda, S. 109, 203 Fußnote 16, 203-205, 225, 247, 263-265.
41  Origenes, *Vier Bücher von den Prinzipien*, ebenda, S. 263 (Fußnote).

Man mag nun versuchen, auf den Begriff Fegefeuer auszuweichen. Aber es zeigt sich, dass der Fegefeuerbegriff des Origenes ein anderer ist als derjenige der Kirche, der zum ersten Mal in Zusammenhang mit dem Konzil von Lyon im Jahre 1254 zum Dogma erklärt wurde. Für Origenes ist das sogenannte Fegefeuer nur die Scham, die Schuldgefühle und die bittere Reue, die in uns aufsteigen. Die Einsicht in all das Ungerechte und Böse, das wir getan haben, die nach dem Tod kommt, brennt wie ein Feuer in der Seele. Hieronymus bezeichnete dies als »Brand des Gewissens«. Die Folgen davon zeigen sich bald in einem neuen Leben, denn nach Origenes wird unser Schicksal in diesem Erdenleben von unseren Tugenden und Verfehlungen vor der Geburt bestimmt.[42] Das ist tatsächlich eine Vorstellung, die der Idee vom Karma ähnelt.

Man hat sich in der Theologie auch bemüht, es so aussehen zu lassen, als habe Origenes eine Wiedergeburt in einem neuen Körper gemeint, zu der es nicht in unserem, sondern erst in einem neuen Zeitalter kommen solle, in einer neuen Schöpfung in einem zukünftigen Äon. Selbst wenn Rufinus' Textversion an manchen Stellen diesen Eindruck erwecken mag, gibt es offensichtlich keine Garantie dafür, dass Origenes wirklich so etwas gemeint hat.

---

42 Origenes, *Vier Bücher von den Prinzipien*, ebenda, S. 255, 549, 555-557, 561, 601.

## Über das Dogma von der Untrennbarkeit von Körper und Seele

Wie wir oben gesehen haben, gibt es sowohl eine Fülle von empirischen Indizien dafür, dass die Seele den Körper sehr wohl verlassen kann und in der Lage ist, ohne ihn zu existieren, als auch eine konkrete christliche Lehre darüber, die besonders von den gnostischen Christen vertreten wurde.

Trotzdem beharrt die kirchliche Theologie auf der Lehre von der Untrennbarkeit von Körper und Seele. Nach dem Tod könne die Seele nicht unabhängig vom Körper existieren, sondern sie befände sich etwa in einer Art »Seelenschlaf«, bis sie bei der Wiederauferstehung wieder zum Leben erweckt würde, und zwar in demselben Körper, den sie einmal hatte. Dieser Lehre mangelt es sehr an Plausibilität, denn wo sollte diese Seele sich in der Zwischenzeit aufhalten? Darauf bekommen wir keine Antwort. Und wie soll denn ein Körper wiederhergestellt werden, der vielleicht Jahrtausende vorher (niemand weiß schließlich, wann diese Wiederauferstehung stattfinden soll) in der Erde vollständig zerfallen und von Würmern gefressen oder der durch die Verdauung eines Raubtiers gegangen und mit seinem Kot ausgeschieden oder in einer Explosion völlig vernichtet wurde? Und soll er dann mit allen Gebrechen, die er hatte, wiederhergestellt werden, oder davon geheilt? Wäre es dann nicht eher eine *Kopie* des ehemaligen Körpers?

Mit dieser Lehre wollte wahrscheinlich die kirchliche Theologie die Bedeutung der Wiederauferstehung nach ihrer Anschauungsweise untermauern und ein Argument gegen die Reinkarnationslehre vorbringen. Die Reinkarnation *ist* aber die Auferstehung, wenn auch in Stufen, wodurch *alle* (und nicht nur Auserwählte) nach einer endlichen Zahl von Inkarnationen zu einem vollen Dasein in der Lichtwelt auferstehen!

Und wozu sollte man in der Auferstehung den schweren materiellen Leib wie einen »Klumpfuß« immer noch mit sich herumschleppen müssen, wenn doch die Engel keinen zu haben brauchen und – soweit wir wissen – nicht einmal die Teufel? Eine solche Anschauung würde die menschlichen Seelen zu zweitrangigen Wesen in der Schöpfung degradieren.

Diese Lehre hat keine Begründung in der Bibel – im Gegenteil, sie enthält mehrere Widersprüche dagegen.[43] Da man diese Lehre nun aber unbedingt haben wollte, suchte und fand man eine Begründung bei Aristoteles (383-322 *vor* Christus),[44] die allerdings nur dann funktioniert, wenn man seine Lehre wunschgemäß auslegt und

---

43 Jan Erik Sigdell, *Reinkarnation, Christentum und das kirchliche Dogma*, ebenda, und Jan Erik Sigdell, *Wiedergeburt und frühere Leben*, ebenda, , S. 114-120 und 150-162.

44 Aristoteles, *Über die Seele*, übers. v. Willy Theiler, Bd. 13 in der Reihe »Aristoteles Werke in deutscher Übersetzung«, Akademie Verlag, Berlin 1994, und Aristotle, *On the Soul* (in einem Band zusammen mit *Parva Naturalia* und *On Breath)*, Originaltext mit Übersetzung ins Englische von W. S. Hett, Harvard University Press, Cambridge Mass. / William Heinemann, London 1957.

absichtlich falsch interpretiert. Er hat nämlich nie geschrieben, dass die Seele nicht ohne einen (physischen) Körper sein kann, sondern nur, dass der Körper nicht ohne eine Seele sein kann, weil er sonst *tot* ist.

So weit meine Übersicht als theoretische Grundlage für die therapeutischen Aspekte in Kapitel 2.

In anderen Büchern habe ich mich ausführlicher zu diesen Themen geäußert, weshalb ich für mehr Informationen und eine ausführliche Diskussion samt Nachweisen auf diese verweise.[45]

45  Jan Erik Sigdell, *Reinkarnation, Christentum und das kirchliche Dogma*, ebenda, und Jan Erik Sigdell, *Wiedergeburt und frühere Leben*, ebenda.

# Anhang

## Die gnostische Schöpfungslehre

Die Lehre der Schöpfung im Urchristentum und wie es
dabei zu verschiedenen kosmischen Dimensionen und
schließlich auch negativen geistigen Realitäten kam, in
deren Schatten wir heute noch leben.

# Die Entstehung von Jahweh und den Erdenmenschen in der Lehre der gnostischen Christen

Die gnostischen Christen lehrten, dass Jahweh nicht der wahre Schöpfer sei, sondern selbst eine Schöpfung, der vom allerhöchsten Gott ausging. Wenn Jesus vom »Vater« sprach, meinte er demnach nicht Jahweh, sondern den höchsten Gott über ihm.

Jahweh wird im Gnostizismus als ein »Demiurg« bezeichnet, was eigentlich »Handwerker« bedeutet, in diesem Fall etwa »Schöpfungsarbeiter«. Er erscheint in der gnostischen Tradition als eine fragwürdige Gestalt, die eine mangelhafte, von vielfältigen Übeln geprägte Welt erschaffen hat.[46] Die gnostische Schöpfungslehre beginnt früher als die biblische im 1. Buch Mose, und zwar mit einer kosmischen Vorgeschichte vor der Schöpfung der Erdenmenschen.

Ich will nun die gnostische, alttestamentarische und babylonische Schöpfungsgeschichte miteinander vergleichen, um auf diese Weise zu zeigen, dass die gnostische keineswegs so abwegig ist, wie kirchliche Theologen gern meinen. Dafür stelle ich zunächst die gnostische Lehre dar. Damit will ich weiterhin hervorheben, dass das gnostische Christentum ein *gültiges Urchristentum* ist, das leider aus politischen Gründen

---

46   http://de.wikipedia.org/wiki/Demiurg

verdrängt wurde, um dafür eine Art »Christentum light« zu einem Dogma zu erheben. Das ist mir deshalb wichtig, weil eben das Weltbild jener Urchristen mir eine wichtige und sogar *sehr gut funktionierende* Grundlage für die therapeutische Arbeit mit den genannten Formen fremder Anwesenheiten bei Menschen ist. Die Ergebnisse dieser Arbeit werden damit zu mehrfachen empirischen *Indizien* für dieses Weltbild.

Es gibt zu diesem Thema eine besonders wichtige gnostische Schrift: *Das Apokryphon des Johannes,* auch *Das geheime Buch des Johannes* genannt.[47] Hier wird eine Schöpfungsgeschichte dargestellt, nach der in verschiedenen Schöpfungsstufen schließlich die untergeordnete Gottheit Jaldabaoth entstand.

Es gibt auch einige andere gnostische Schriften, die Ähnliches beschreiben. Der wahre Urschöpfer ist unbenannt und wird als »der unbekannte Vater« bezeichnet, der wie eine leuchtende Wolke erscheint.

Die schöpferische Kraft seines Gedanken ist Barbelo, der unsichtbare jungfräuliche Geist, das höchste weibliche (gebärende = erschaffende) Prinzip. Sie wurde zum Mutterschoß des Alls. Daraus entstand der Heilige Geist (von den Gnostikern als *weiblich* aufgefasst), die Mutter der Lebenden. Als Mitarbeiterin im Schöpfungswerk erhielt

---

47  »The Apokryphon of John«, in: *The Nag Hammadi Library,* hrsg. v. James M. Robinson, Harper and Row, New York, 1977, S. 98-116. Im Internet: http://web.archive.org/web/20070912005923/wwwuser.gwdg.de/~rzellwe/nhs/node62.html und http://de.wikipedia.org/wiki/Apokryphon_des_Johannes.

sie den (wesenhaften) »Verstand«. Aus diesen beiden entstand Christus, der göttliche Autogenes (der Aus-Sich-Selbst-Entstandene, also: nicht gezeugte). Aus dem »selbstgeborenen« Autogenes wiederum ging eine Art Urtyp für das hervor, was auf unteren Ebenen zu Menschen werden sollte. Dieser wurde Adamas genannt.

Jene Welt hat zwölf Sphären oder Äonen, die paarweise auftreten. Männlich und weiblich befindet sich dort im Gleichgewicht. Unter den Wesen dieser höheren Ebenen werden meistens Paargenossen erwähnt, aber man kann diese Wesen auch als androgyn auffassen, wobei entweder der weibliche oder der männliche Teil in den Vordergrund tritt.

Die dritte Sphäre ist Eleleth, die Weisheit. Darin manifestierte sich die Weisheit wesenhaft als Sophia, eine Emanation von Barbelo. Sie wollte aus sich heraus ein erschaffenes männliches Wesen in Erscheinung treten lassen, jedoch ohne Zustimmung des Geistes und ohne Mitwissen ihres Partners (da Sophia auch als »Braut Christi« bezeichnet wird, kann man annehmen, dass man damals in Christus ihren Partner gesehen hat). Es war ihre eigene Idee.

Eigentlich hatte sie zunächst nur einen unvollständigen Gedanken, aber auf jener Ebene sind Gedanken schöpferisch: Man denkt es, und dann ist es auch da. Deshalb war dieses Wesen in Unwissenheit entstanden und damit unvollkommen. Und als sie ihren Willen als Wesen verwirklicht sah, veränderte es sich in die Erscheinung eines löwengesichtigen Drachens (oder einer Schlange) mit feuerspeienden Augen. Sie nannte es Jaldabaoth (von hebr. *jalda baʾut*, »aus dem Chaos geboren«[48]), stieß es aber von sich weg und hüllte es in eine leuchtende Wolke, damit außer dem Heiligen Geist niemand es sähe, denn sie hatte es in Unwissenheit erschaffen.

Als der Glanz ihres Lichtes abnahm, erkannte Sophia ihren Fehler. Sie sah die Schlechtigkeit ihres Sohnes, schämte sich und weinte lange. Das Pleroma (die Fülle, das Glanz- und Lichtmeer als Sitz des Schöpfergottes, von wo alles Gute ausströmt) hörte ihre Buße und beauftragte den Geist. So wurde ihr Paargenosse zu ihr geschickt, damit sie ihren Fehler berichtige.

Jaldabaoth erschuf daraufhin zwölf weitere Wesen, die zu seinen Mächten wurden, Archonten (Herrscher) genannt. Er war damit selbst der »erste Archon«.[49] Er verteilte sein Feuer unter ihnen, ist seither Herr über sie und nennt sich selbst »Gott« – ein neidischer Gott, der keinen anderen Gott neben sich duldet. Das erwähnte *Apokryphon des Johannes* sagt über ihn: »... er ist eine unwissende Finsternis. Als sich aber das Licht mit der Finsternis vermischte, ließ es die Finsternis leuchten. Als sich aber die Finsternis mit dem Licht vermischte, mach-

---

48  *Bahu* (oder *bohu*) bedeutet wörtlich »Leere«. Das Wort Chaos wird heute meistens irrtümlich als »wirre Unordnung« oder »Durcheinander« verstanden, bedeutet aber ebenfalls »Leere«, »leerer Raum« und bezeichnet den Zustand vor der Schöpfung. Es kommt von griech. *chaíno*, das »weit offen« bedeutet, womit das deutsche Wort »gähnen« etymologisch zusammenhängt.

49  *Árchon* bedeutet sowohl »Prinzip«, »Ursprung« und »Anfang« (vgl. Kapitel 3) als auch »hoher Beamter«.

te sie das Licht finster. Und es wurde weder Licht noch Finsternis, sondern es wurde trübe ... Und er ist frevelhaft in seiner Unwissenheit, die in ihm ist. Denn sagte: ›Ich bin Gott, und es gibt keinen anderen Gott neben mir.‹ Er war nämlich unwissend über seine Stärke und den Ort, von dem er gekommen ist.«[50]

Seine Ordnungen entsprechen einem Abbild der ersten Äonen, und nicht etwa deshalb, weil er die Unvergänglichkeit sehen kann, sondern wegen der Kraft seiner Mutter (Sophia), die in ihm ist. Aber das Abbild ist verzerrt und unvollständig.

Aus der Höhe der erhabenen Äonen drang ein Impuls – mit der Stimme und dem Bild wie eines Menschen – in die Sphäre Jaldabaoths ein. Dies veranlasste Jaldabaoth, seinen Archonten zu sagen: »Lasst uns einen Menschen nach dem Abbild Gottes und nach unserem Bild schaffen ...« So schufen sie ein Wesen nach dem Bild des ersten vollkommenen Menschen (wie eine Vorlage der physischen Menschen, die noch entstehen sollten) und verkündeten: »Lasst es uns Adam nennen.« Das so erschaffene Wesen war aber nicht lebendig. Auf die Bitte der Sophia an den Mutter-Vater des Alls, ihre Kraft aus dem ersten Archon (Jaldabaoth) zurückzuerhalten, wurde Jaldabaoth der Rat gegeben, etwas von seinem Geist in Adams Gesicht zu hauchen. Er wusste nicht, dass es die Kraft seiner Mutter war, und befolgte den Rat.

---

50  »The Apokryphon of John«, in: *The Nag Hammadi Library*, hrsg. v. James M. Robinson, ebenda, S. 104-105.

Jaldabaoth tat es unwissend, denn ihm war gar nicht klar, was dabei geschah, aber der Körper wurde lebendig. Adam leuchtete, konnte besser denken als die Archonten, und er war frei von Übel. (Er war noch nicht der körperlich existente Adam, sondern erst ein Archetyp des Menschen.) Als die Archonten das erkannten, warfen sie ihn hinaus in die Region an der Unterseite der Materie, auf eine Ebene inmitten der finsteren Region Jaldabaoths, da die allerunterste Ebene genau wie die oberen wiederum immateriell, aber die der Dämonen ist (vgl. Kapitel 1).

Gott hatte Erbarmen und sandte Adam eine Helferin, die Epinoia (Einsicht durch göttliche Inspiration) des Lichtes, die »Leben« genannt wurde (hebr. *hawa*, woraus der Name Eva entstand). Sie ist die abgestiegene Sophia und der ganzen Schöpfung behilflich. Diese Epinoia wurde in Adam verborgen, damit die Archonten sie nicht erkennen konnten und sie den Fehler der Mutter (Sophia) korrigieren konnte, als eine Emanation von ihr. (Auch Eva ist so weit erst archetypisch.)

Die Archonten sahen, dass Adams Denken höher war, und brachten ihn in den Schatten des Todes, um seinen Körper aus Materie neu zu bilden, welche die Unwissenheit der Finsternis ist. Er wurde zu einem sterblichen Menschen (und nun zum körperlich existenten Adam), den die Archonten in ein Paradies (einen harmonischen und zeitlosen Ort) setzten. Darin sollte er vom »Baum des Lebens« essen, von den Bäumen der Gottlosigkeit (und ohne Gott leben).

Der »Baum der Erkenntnis des Guten und des Bösen«
aber ist die Epinoia des Lichtes (siehe oben), das in Ungehorsamkeit gegenüber Jaldabaoth das Denken Adams
verbesserte (die hebräische Bezeichnung des Baumes in
1 Mos 2, *'az ha-da'at*, wird richtiger als »Baum der *Weisheit*« übersetzt). Deshalb schläferte Jaldabaoth Adam ein.
»Ich werde ihre Herzen schwer machen, damit sie nicht
aufmerksam sind und sehen.« Darauf versteckte sich die
Epinoia des Lichtes in Adam.

Somit aß Adam durch sie eigentlich schon vom »Baum
der Erkenntnis« und erlangte innerlich ein Wissen, das
ihm Jaldabaoth verboten hatte. Darauf wurde Jaldabaoth
eifersüchtig und wollte an das Geistige in Adam heran,
an die geistige Eva, und sie aus einer Rippe herausholen.
Das gelang nicht, stattdessen erschien eine fleischliche
Eva in der Gestalt einer Frau als Abbild der Epinoia, in
die er einen Teil einbrachte, den er von der Kraft Adams
nehmen konnte. Anschließend erschien die geistige Eva
in der Gestalt einer Schlange[51] und sagte ihnen, dass sie
vom »Baum der Erkenntnis« essen sollten, damit das
Wissen auch bewusst werden könne. Da trat die Epinoia
des Lichtes in Erscheinung und deckte den Schleier auf,

---

51  Das hebräische Wort, das an dieser Stelle der Bibel als »Schlange«
    übersetzt wurde, ist *nachash*. Es ist von einer Wortwurzel abgeleitet, die entweder »flüstern, zischen« oder »scheinen« bedeutet.
    Die eigentliche Bedeutung ist also hier entweder »Flüsterer« oder
    etwas »Scheinendes.« Es kann demnach etwa als »Verführer« (Einflüsterer) verstanden werden, aber auch als eine leuchtende Erscheinung. Die Bedeutung »Schlange« passt hier nicht gut, stammt
    aber daher, dass manche Schlangen zischen.

der über Adams Verstand gelegen hatte. (Das Essen von jenem Baum hat also rein gar nichts mit Sexualität zu tun, sondern damit, mehr zu wissen, als Jaldabaoth uns erlauben wollte.)

Eigentlich war es Christus, der dies bewirkte, »um sie zu belehren und aus der Tiefe des Schlafes zu erwecken«, was aber gegen den Willen Jaldabaoths geschah. Leider wirkte das nicht sofort, erst als Jaldabaoth im Zorn die beiden aus dem Paradies verstoßen hatte. Sie mussten dann für ihre Existenz hart arbeiten und vergaßen ihren wahren Ursprung.

Sophia war also als diese Epinoia hinuntergekommen, um ihren Fehler zu berichtigen, und sie wurde Eva genannt, die Mutter der Lebenden. Durch sie kosteten sie die vollkommene Erkenntnis (sie aßen vom »Baum der Erkenntnis«, besser: *»der Weisheit«*). Jaldabaoth merkte, dass sie sich von ihm entfernten, und verfluchte seine Erde. Er warf sie aus seinem Paradies und kleidete sie in dunkle Finsternis. Er vergewaltigte danach Eva und zeugte mit ihr zwei Söhne, die er Kain und Abel nannte. Später zeugte Adam mit Eva den Sohn Seth, der folglich als ein echter Sohn aus beiden hervorging und Träger des geistigen Funkens war. Aus seinem Geschlecht wurde viel später Jesus geboren.

Jaldabaoth wollte das Denken der Menschen beherrschen und brachte Schicksal (griech. *heimarméne*) in die Welt. Somit wurde seine ganze Schöpfung blind und konnte Gott nicht erkennen. (*Heimarméne* kommt von *meíromai*, das etwa »seinen Anteil erwerben« bedeutet, und man fühlt sich an Karma erinnert.)

Dass dieser Jaldabaoth – der auch Nebro (der Rebell), Samael (der Blinde) oder Saklas (der Tor) genannt wird – derjenige ist, der im Alten Testament als Jahweh bezeichnet wird (eigentlich JHWH, was nicht ein Name, sondern eine Bezeichnung ist), dürfte nun offensichtlich sein (vgl. 2 Thes 2,4). Es ist auch klar, dass Jaldaboth = Jahweh[52] nach dieser Erkenntnis der gnostischen Christen *nicht zulassen wollte, dass Jesus, als Botschafter und Sprachrohr für den kosmischen Christus, unter dem Volk Früchte des Baumes der Weisheit verteilte ... und auch, dass er diejenigen, die solche Früchte überliefert bekommen hatten – nämlich die christlichen Gnostiker – ver-*

---

52  J (der Buchstabe *jod*) ist im Hebräischen als Präfix eine Bezeichnung für die dritte Person Singular, also etwa als »er« zu verstehen, und zwar eher im Sinne von einem Handelnden. Die traditionelle Deutung von JHWH ist »ich bin der ich bin«, von HWH (hier »hawah«) = »leben, sein« (jedoch eher »atmen«, aber wer lebt, atmet) – dann wohl besser: »er, der ist«. Eine weitere Deutung ist »er, der hervorbringt«. Eine kontroverse Deutung von JHWH wäre die Folgende: HWH (hier: »häoah«) kann auch »Unheil« bedeuten. Somit kämen wir zur häretischen Deutung: »er, der Unheil bringt«, die allerdings zur gnostischen Schöpfungslehre passen könnte ... Bemerkenswert ist in diesem eher spekulativen Zusammenhang allerdings, dass die hypothetisch dem Jahweh entsprechende babylonische Gottheit Enki übrigens auch als (unter anderem) ein Gott des Unheils bezeichnet wird (siehe http://de.wikipedia.org/wiki/Enki)! Da die Vokalisierung nicht überliefert ist, bleiben hier verschiedene Möglichkeiten offen. Die Aussprache »Jehowah« dürfte daher kommen, dass man den Namen (eher: die Bezeichnung) JHWH im Judentum nicht aussprechen soll, weshalb man lieber von *adonai* (»Herr«) sprach. Die Vokalisierung dieses Wortes wurde dann oft auch für JHWH übernommen: *jahowah*, abgewandelt zu *jehowah*.

*nichten wollte, so wie es in Kapitel 2 diese Buches hypothetisch angedeutet wurde.*[53]

Diese gnostische Schöpfungsgeschichte ist also die Grundlage jener Annahme, und dies ist für mich ein weiterer Grund, um in diesem Anhang darauf einzugehen. Sie kann auch eine Erklärung für all die – für einen normalen und nicht vom Glauben verblendeten Mensch – ungeheuerlichen Grausamkeiten im Alten Testament bieten, wo seitenweise Gewalttaten, Raubzüge, Kriege und Völkermorde beschrieben sind, beispielsweise in den Büchern *Josua* und *Richter*[54] (vgl. als Denkanstoß den Abschnitt »Gewalt und Tod« in Kapitel 2).

Jaldabaoth wird auch in dem neu aufgefundenen Judas-Evangelium[55] erwähnt, wo von Jesus eine Kurzfassung einer ähnlichen Schöpfungsgeschichte erzählt wird. Er

---

53 Einiges deutet darauf hin, dass Al-Lah (»der Gott«) möglicherweise ein Auftritt des Jahweh im neuen Gewand sein könnte, um eine parallele Religion entstehen zu lassen, so dass er bei Bedarf die beiden im machiavellischen Sinne gegeneinander ausspielen kann.

54 Karlheinz Deschner, *Kriminalgeschichte des Christentums*, Bd. 1, Rowohlt, Reinbek 1989, Kapitel 1, S. 71-116. Vgl. Franz Buggle, *Denn sie wissen nicht, was sie glauben*, Alibri, Aschaffenburg 2004. Wenn aber jemand aufgrund solcher Schriften zum Atheismus angeregt wird und dem Christentum den Rücken kehren will, hat er es nicht richtig verstanden. Es geht vielmehr darum, das Christentum zu seinem wahren und verlorenen Ursprung zurückzuführen!

55 *The Gospel of Judas*, hrsg. v. Rodolphe Kasser, Marvin Meyer und Gregor Wurst, National Geographic, Washington DC 2006. Eine für den Schwedischkundigen besonders interessante Ausgabe, von Jörgen Magnusson übersetzt und ebenso ausführlich wie wertvoll kommentiert, ist *Judasevangeliet*, Arcus, Lund 2008. Im Internet: http://bsiebert.bs.ohost.de/Judas/GermanGospelOfJudas.pdf.

wird da Nebro genannt, und es wird ein gewisser Unterschied zwischen ihm und Saklas gemacht, aber die beiden stehen dort einander nahe. Im Evangelium der Ägypter, besser genannt *Das heilige Buch des großen unsichtbaren Geistes*,[56] scheinen Saklas und Nebro Paargenossen zu sein – männlich und weiblich –, die zusammen weitere Wesen erschaffen (oder zeugen). Hier wird Saklas so beschrieben, dass man eher ihn als Jahweh auffassen kann. Wenn man aber diese Zwei als eine im Grunde androgyne Entität versteht, wobei Saklas der männliche und Nebro der weibliche Teil ist, geht es doch auf.

## Die babylonische Schöpfungsgeschichte Enûma Eliš

Die alten Babylonier schrieben vor etwa 4.000 Jahren eine sehr interessante Schöpfungsgeschichte in Keilschrift auf Lehmtafeln, die nach den Anfangsworten des Textes in ihrer Sprache *Enûma Eliš* (»als da oben«)[57] genannt wird. Diese Geschichte hat insofern gewisse Ähnlichkeiten mit der gnostisch-christlichen, oben stark verkürzt dargestellten Schöpfungsgeschichte, als dass es auch dort ein Urschöpferpaar gibt, nämlich Apsû (männlich) und Tiamat (weiblich), die zusammen die Schöpfung hervorbrachten. Es entstanden auch in dieser Schöpfungsge-

---

56 »The Gospel of the Egyptians«, in *The Nag Hammadi Library* [2], S. 195-205. Im Internet: http://www.gnosis.org/naghamm/goseqypt. html.

57 http://de.wikipedia.org/wiki/En%C5%ABma_eli%C5%A1

schichte verschiedene Wesen, darunter ein »Göttervolk«, das als Anunnaki bezeichnet wird, und schließlich von diesem »Göttervolk« erschaffene Erdenmenschen.

Die meisten Ethnologen und Sprachforscher, die sich mit den sumerisch-babylonisch-assyrischen Texten befassen, halten *Enûma Eliš* für die Vorlage der biblischen Schöpfungsgeschichte, als ob die biblische eine hebräisierte Kurzfassung davon sei.[58] Wie die gnostische setzt auch diese Geschichte vor der biblischen Schöpfungslehre an, und zwar mit dem kosmischen Geschehen, bevor auf dieser Erde Menschen erschaffen wurden. Es liegt auf der Hand, dass sich kirchliche und rabbinische Theologen mit Händen und Füßen gegen die Theorie eines solchen Ursprungs der biblischen Geschichte wehren ... wie einleuchtend sie den Wissenschaftlern auch erscheinen mag.

*Enûma Eliš* stellt es so dar, dass die Anunnaki zunächst über die Menschen auf dieser Erde herrschten. Einige sind der Auffassung, dass babylonische Götter in der biblischen Darstellung in einer Gestalt, nämlich Jahweh, vereinigt wurden,[59] oder auch, dass einer jener Götter dann als Jahweh bezeichnet wurde, vielleicht Enki oder Enlil.[60] Meiner Meinung nach passt wegen vieler Ähnlichkeiten Enki am Besten. (Ich habe aus ganz anderen

---

58  Alexander Heidel, *The Babylonian Genesis*, 2. Ausgabe, The University of Chicago Press, Chicago 1960. Siehe auch: http://en.wikipedia.org/wiki/Panbabylonism.

59  http://www.bibleorigins.net/YahwehYawUgarit.html

60  http://de.wikipedia.org/wiki/Enki

hypothetischen und spekulativen Gründen heraus über diese Zusammenhänge ein Buch geschrieben.[61])

## Religionshistorische Forschungsergebnisse der letzten Jahrzehnte

Weitere interessante Befunde traten in der religionshistorischen Forschung während der letzten Jahrzehnte zutage. Die vorhebräische Religion kannte einen höchsten Gott 'El 'Elijon (»der Allerhöchste«), der siebzig Söhne hatte. Einer davon war Jahweh, der die Göttin Asherah an seiner Seite hatte. Es wurde dann üblich, sie nicht zu nennen, weil man nach der damals gültigen patriarchalischen und frauenabwertenden Anschauung eine Göttin nicht akzeptieren wollte. Sie wird im hebräischen Text des Alten Testaments etwa vierzig Mal erwähnt, aber das Wort, das eigentlich ein Name ist (oder sich manchmal auch auf ihr Symbol bezieht), wird stets mit »Hain« oder »Baum« übersetzt – weil ihr Symbol ein Baum oder einfach ein aufrechter Holzstab ist.[62]

---

61  Jan Erik Sigdell, *Es begann in Babylon*, Holistika, Meckenheim 2008.

62  *Ein Gott allein? JHWH-Verehrung und biblischer Monotheismus im Kontext der israelitischen und altorientalischen Religionsgeschichte*, 13. Kolloquium der Schweizerischen Akademie der Geistes- und Sozialwissenschaften, hrsg. v. Walter Dietrich und Martin A. Klopfenstein, Universitätsverlag, Freiburg CH, 1994. Ein Kommentar dazu:»*Asherah*« kommt in der Bibel sowohl als grammatikalisch weiblich wie auch als grammatikalisch männlich vor. Die grammatikalisch männliche Variante wird sich nach meiner Vermutung dann auf ihr Symbol und nicht auf sie selbst beziehen.

Dies dürfte meiner Meinung nach von einem Wortspiel im Hebräischen kommen, weil das Wort *asheraj* sowohl »glückselig« als auch »aufrecht« bedeutet – ein wenig analog dazu, dass ein Fisch in frühchristlichen Zeiten ein Symbol für Christus war, weil das griechische Wort für Fisch *ichthys* auch als ein Akronym für *Iesous Christos, Theou Yios, Soter* – »Jesus Christus, Gottes Sohn, Erlöser« – aufgefasst werden kann.

Zum Beispiel: Wenn in der Bibel steht, »Du sollst keinen Hain von Bäumen pflanzen bei dem Altar des Herrn, deines Gottes, den du dir machst« (5 Mos 16,21), bedeutet das, dass es verboten sei, am Altar Jahwehs *ein Symbol für Asherah aufzustellen* (im hebräischen Text steht an dieser Stelle das Wort »asherah«). Was für einen Sinn sollte es sonst haben? Wie sollte da ein Baum stören können, wenn nicht eben als Symbol?

Demnach ist auch die hebräische Religion ihrem Ursprung nach in dem Sinne polytheistisch, als es zwar *einen höchsten Gott* gab, aber dazu noch eine größere Zahl von »Untergöttern« oder »Gottheiten«, sogar weibliche. Damit tritt ein weiteres Mal eine Ähnlichkeit mit sowohl der gnostisch-christlichen als auch der babylonische Schöpfungsgeschichte hervor. Und übrigens ist ja das kirchliche Dogma der Dreieinigkeit von Gott, Christus und dem Heiligen Geist in einem gewissen Sinne ebenfalls polytheistisch …

# Eine rätselhafte Mehrzahl in der Bibel

Im 1. Buch Mose tritt in der Schöpfungsgeschichte eine rätselhafte Mehrzahl auf, die damit eine Erklärung bekommt. Der erste Satz lautet: »Am Anfang erschuf Gott den Himmel und die Erde«, oder auf Hebräisch: *Bere'shit bara' 'Elohim 'et ha shamajim we-'et ha 'arez*. Hier ist unbestreitbar das Wort *'Elohim* grammatikalisch die männliche Mehrzahl von *'Eloah* = »Gott«, und das bedeutet also wörtlich »*Götter*«! Die theologische Erklärung ist, dass es sich hier um einen *Pluralis Majestatis* handele, womit man das Problem unter den Teppich kehrt … In Anbetracht dessen möchten einige diese Stelle daher lieber wie folgt übersetzen: »Am Anfang erschufen *die Götter* den Himmel und die Erde«, aber das passt nicht, weil das Wort *bara'* = »erschaffen« in der Einzahl steht. (Außerdem steht das Wort für »Himmel«, *shamaj*, ebenfalls in der Mehrzahl: *shamajim.*) Es gibt aber eine Lösung für das Problem.

Gemäß einschlägiger Wörterbücher kann das Wort *bere'shit* nicht nur »am Anfang«, sondern auch »der Erste« oder »der Ursprüngliche« bedeuten, also die erste Entität, die es gab, der höchste Gott. Das kleine Wort *'et* kann als »mit« übersetzt werden (in *we-'et* bedeutet *we* »und«, also »und *mit*«). *Nun gelangen wir zu folgender Übersetzung, die grammatikalisch passt: »Der Erste erschuf die Götter [zusammen] mit den Himmeln [kosmischen Welten] und mit der Erde.«*

Diese Übersetzung bezieht sich also auf einen Urschöpfer, der zuerst »Götter« und dann kosmische Welten erschuf, wovon eine die Erde ist. Nach 1Mos 2 wäre Jahweh einer dieser Götter, einer der 'Elohim (da die Bibel im hebräischen Text ihn hier und an manchen anderen Stellen als »Jahweh 'Elohim« bezeichnet und nicht einfach nur »Jahweh«, eigentlich »JHWH«). Die 'Elohim werden von manchen als Schöpfergötter aufgefasst, die (selbst erschaffen) wiederum andere Wesen erschufen – Menschen, Tiere und Pflanzen, so wie es auch Jahweh tat. Da kommt wieder eine Ähnlichkeit mit den gnostisch-christlichen und babylonische Schöpfungsgeschichten zum Vorschein!

Die konventionelle und »dogmatisch anerkannte« Übersetzung von *bere'shit* beruht auf *be* = »in, an« und *re'shit* = »Anfang«. Jedoch kann gemäß einiger Wörterbücher[63] *re'shit* auch »der Erste (seiner Art)« bedeuten, und *be* kann auch auf den »Ursprung« hinweisen. Somit kann das Wort *bere'shit* auch als eine etwas tautologische Formulierung verstanden werden, die »der ursprüngliche Erste« (oder »der Aller-Erste«) bedeutet.

Es erklärt sich demnach sehr schön, weshalb an anderen Stellen in der biblischen Schöpfungsgeschichte diese Mehrzahl wieder auftritt: »Lasst *uns* Menschen machen, zum Abbild von *uns*, *uns* ähnlich« (1Mos 1,26),[64] und

---

63  Z.B. *Gesenius' Hebrew and Chaldee Lexicon to the Old Testament Scriptures*, übers. v. Samuel Prideaux Tregelles, W. M. B. Eerdmans, Grand Rapids MI, o.J. (Vorwort dat. 1846).

64  Es ist eine alternative Deutung vorgeschlagen worden, nämlich, dass es damals auf der Erde schon Menschen gegeben habe, welche die »Götter« z.B. genetisch in ihrem Sinne abgewandelt hätten, etwa: »Lasst *uns* die Menschen so machen, dass sie ein Abbild von

»Nun ist der Mensch wie einer von *uns* geworden. Er erkennt Gut und Böse.« (1Mos 3,22)

Für jeden forschenden Geist steht so nämlich außer Frage, wo die Schöpfung ihren wahren Ursprung hat und dass es negative geistige Realitäten gibt, die sich aus kosmischen Dimensionen herleiten und in deren Schatten wir heute noch leben.

---

*uns* werden, *uns* ähnlich.« Wenn nachfolgend 1Mos 1,27 aussagt, dass sie die Menschen gleichsam als Männer und Frauen erschufen (bzw. im gleichen Sinne abwandelten), ist es eine biblische Bestätigung der *Gleichwertigkeit* von Mann und Frau!

# Nachwort

In diesem Buch ist die Rede von unsichtbaren Einflüssen auf uns Menschen. Erläutern wir noch einmal die Hintergründe, worum es dabei eigentlich genau geht.

Fast alle Religionen erwähnen, dass es in der Schöpfung auch geistige Wesenheiten gibt, die wir mit unseren dreidimensionalen Sinnesorganen nicht wahrnehmen können. Und mittlerweile ist man selbst in der Schulwissenschaft zunehmend der Meinung, dass der Kosmos mehr als die allgemein bekannten drei Dimensionen aufweist.

Es dürften sogar mindestens fünf sein, wahrscheinlich wesentlich mehr. Leider sind wir in der Verkörperung darauf angewiesen, nur drei davon wahrnehmen zu können, weil unsere physischen Wahrnehmungsorgane nicht für weitere eingerichtet sind, und deshalb können wir auch nur dreidimensional denken und sind uns anderer Dimensionen nicht bewusst. Wir sind blind und taub für sie und wollen es meistens gar nicht glauben. Dabei sind sie in der mathematischen Physik, wenn auch indirekt, erfassbar. Dort bewegt man sich in einem Grenzbereich, in dem man wenigstens eine Ahnung von weiteren Dimensionen bekommen kann.

Es gibt allerdings einige Menschen, die fähig sind, »über den Tellerrand« zu schauen und zumindest vage und schemenhaft gelegentlich etwas wahrzunehmen, was den meisten von uns verborgen bleibt. Manche halten sie für verrückt. Es ist für die Letzteren, als wollte man einen blind Geborenen davon überzeugen, dass es Farben gibt und man sehr konkret Formen »sehen« kann, ohne sie zu berühren – aber das bleibt für die meisten nichts als leeres Geschwätz.

»Wo sind denn diese für uns nicht wahrnehmbaren Wesenheiten, von denen in allen Religionen und esoterischen Kreisen die Rede ist?«, wird gefragt. Die Antwort lautet: »Wenn es sie gibt, können sie nicht gut woanders sein als in anderen Dimensionen, weil wir dort eben keinen Einblick haben.«

Im Grunde sind wir selbst solche Wesenheiten, wir haben es nur vergessen. Aber wir dürfen hier nicht den Begriff der Wesenheit mit dem der Seele verwechseln. Eine Wesenheit war nie verkörpert. Eine Seele war es und verkörpert sich wieder aufs Neue.

Doch auch was die Seele betrifft, steht die Schulwissenschaft ziemlich auf verlorenem Posten. Sie hat nichts weiter als die Möglichkeiten, Zustände und Abläufe in unserem Nervensystem, die für uns nicht direkt wahrnehmbar sind, in Form von Kurven auf einem Diagramm und in Zahlenwerten aufzuzeichnen. So etwas bezeichnet sie dann als »Kartografie unserer Seele«. Dabei ist dieser nur auf das Nervensystem bezogene Seelenbegriff stark eingeschränkt und führt zu der Auffassung, dass durch den Tod eine derart verstandene Seele aufhört zu existieren, weil danach keine Messwerte mehr gewonnen werden können.

Die schulwissenschaftliche Folgerung ist dann, dass es nach dem Tod keine Weiterexistenz des Ichs gibt. Dass es sich vielleicht einfach woanders aufhält, will man nicht wahr haben, denn ohne ein neurologisches Substrat ist das den Schulwissenschaftlern unvorstellbar.

Viele Erfahrungen, zum Beispiel von Menschen, die Nahtoderlebnisse hatten, widersprechen dieser dreidimensionalen Auffassung, aber in der Wissenschaft ist man bemüht, das herkömmliche Weltbild zu erhalten. Andernfalls würden sich wissenschaftliche Konzepte in Luft auflösen, und so mancher wissenschaftliche Ruhm erwiese sich als Schall und Rauch. Also klammert man sich lieber an diese vorgefasste Meinung, um den Schein und die Macht zu wahren. Das Establishment darf nicht geändert werden, und damit verbundene Strukturen müssen bestehen bleiben.

»Wenn es auch noch unsichtbare Wesenheiten gibt, wie alle Religionen, Schöpfungslehren und alten Kulturen behaupten, wo sind sie dann?«

Diese Frage bleibt auch für esoterische und spirituelle Kreise interessant, die sich längst von der schulwissenschaftlichen Borniertheit verabschiedet haben. Solche Kreise kommen nicht umhin, sich mit der Existenz anderer Dimensionen anzufreunden, denn dort müssen diese unsichtbaren Wesenheiten sein, in Dimensionen, die »bevölkert« sind. Bewegen sie sich beispielsweise in fünfdimensionalen Bereichen, ist diese Dimension für sie selbstverständlich, und sie können wahrscheinlich auch unsere dreidimensionale Welt wahrnehmen, wir aber nicht ihre.

Wenn wir eine Seele haben, die den Tod des Körpers überlebt, werden auch wir eines Tages dorthin gehen und – zunächst vorübergehend – mehr oder weniger wie diese Wesenheiten werden. Nach einer letzten Inkarnation sind wir es ganz. Wir sind dann ebenfalls mehrdimensionale Wesen, die sich dessen in der Verkörperung nur deshalb nicht bewusst waren, weil sie sich ganz nach den physischen dreidimensionalen Wahrnehmungen richteten.

Nach dem Tod werden wir entdecken, dass unsere Seele sehr wohl auch Wahrnehmungsorgane für andere Dimensionen hat, die in unserer Verkörperung auf der Erde, wie wir sie kennen, lediglich verborgen und vergessen waren. Und diese Organe dürften uns dann ebenso physisch erscheinen wie heute unsere Augen und Ohren, lediglich auf andere Dimensionen abgestimmt.

Dann sind wir selbst solche unsichtbaren Wesenheiten und uns dessen wieder bewusst.

Menschen können solche Wesenheiten auf verschiedene Weise erfahren, wie sehr man es auch hinwegerklären will. Und die Schöpfungslehren zeigen uns, dass es ganz verschiedene Wesenheiten gibt. Man muss sich dann auch mit »Gott« befassen als einem »maximaldimensionalen« Wesen, das die Fähigkeit hat, innerhalb der Gesamtheit aller Dimensionen zu erschaffen, so wie wir innerhalb des dreidimensionalen Raumes Dinge erschaffen.

Es würde daher eine Hierarchie von Wesenheiten geben, in der erschaffene Wesenheiten gemäß den ihnen zugänglichen Dimensionen wirken und ihrerseits erschaffen. Sie werden vermutlich Wesenheiten beeinflussen können, die in Dimensionen niedrigerer Ebenen leben als sie, aber kaum jene, die in höheren Ebenen leben. Insbesondere können sie uns im dreidimensionalen Bereich beeinflussen, ohne dass wir uns dessen bewusst sind. Fast jede Schöpfungslehre beschreibt solche Hierarchien.

Wenn wir das so weit annehmen können, wird klar, dass wir unsichtbaren Einflüssen ausgesetzt sind oder sein können. Und da die Schöpfungslehren nicht nur von uns wohlgesinnten Wesenheiten sprechen, sondern auch von solchen, die uns wenig oder gar nicht wohlgesinnt sind, müssen wir auch diese Möglichkeit in Betracht nehmen. Aber weshalb sollten sie uns schaden wollen? Was steckt dahinter? Wir müssen nicht unbedingt Böswilligkeit unterstellen.

Es geht um die Frage der Ernährung, des Nahrungsflusses in und zwischen den Dimensionen. Verschiedenen Lehren nach scheint es so zu sein, dass von uns aus gesehen immaterielle Lebensenergien von höheren Dimensionen zu niedrigeren fließen. Auch wir ernähren uns unbewusst von Energien, die aus höheren Dimensionen kommen. Das ist so eingerichtet, dass vor allem Pflanzen solche Energien zu physischen Nährstoffen wandeln. Wenn wir sie essen, nehmen wir indirekt diese höheren Energien auf.

Die Schöpfungslehren erwähnen nun, dass es Wesenheiten gibt, die im Dimensionsspektrum niedriger angesiedelt sind als wir Menschen. Wir nennen sie dann gern Dämonen und Ähnliches. Für sie befinden *wir* uns in höheren Dimensionen, und sie beziehen von *uns* energetische Nahrung.

Hier ist nicht die Rede von einer Nahrung physisch greifbarer Art, vielmehr ist sie mit unseren Emotionen verbunden. Sie ernähren sich von *emotionalen Energien* und provozieren daher auch entsprechende Emotionen, wodurch solche Energien freigesetzt werden.

Probleme mit unsichtbaren Einflüssen entstehen nur dann, wenn sie durch Wesenheiten erfolgen, die uns nicht wohlgesinnt sind, also von negativen Wesenheiten. Sind solche vorhanden, wollen wir etwas dagegen tun und Menschen von ihnen und ihren Auswirkungen befreien. Kommen sie von wohlwollenden Wesenheiten, werden sie nur dann problematisch, wenn wir sie nicht haben wollen, obwohl sie gut gemeint sind. Dann liegt das Problem eher in unserem Ego.

Beeinflussungen können auch durch Seelen Verstorbener erfolgen, die sich dann – nun zu eigentlichen Wesenheiten geworden – ihrem Ego entsprechend wie negative Wesenheiten verhalten, weshalb auch immer. Auch hier wird eine Problemlösung erwünscht sein.

Der Kosmos hat unzählige Welten. Menschen und Wesenheiten leben natürlich ebenso auf anderen Himmelskörpern, und auch solche können uns hier auf der Erde beeinflussen wollen, wohlmeinend oder nicht. Wenn sie in mehr als drei Dimensionen leben, ist es durchaus vorstellbar, dass sie den Raumflug auf eine Weise beherrschen, die wir nicht einmal annähernd verstehen.

Solche Möglichkeiten werden im vorliegenden Buch nur am Rande erwähnt, weil es ja eigentlich ziemlich egal ist, von woher im Kosmos wir beeinflusst werden. Es geht eher um die Beeinflussung als solche. Raum und Zeit sind relativ, und nichts ist schneller im Universum unterwegs als der schöpferische Gedanke von Wesenheiten – wohlmeinend oder nicht.

Wenn Menschen von Seelen Verstorbener und unsichtbaren Wesenheiten unwissentlich beeinflusst werden, gibt es Möglichkeiten, eine solche Beeinflussung aufzudecken und sie davon zu befreien. Auf diesen Seiten habe ich den theologischen Hintergrund beleuchtet und wie man besonders bei Rückführungen damit umgehen kann, um Klienten oder Klientinnen von derartigen Einflussnahmen zu befreien. Anhand zahlreicher Fallbeispiele und des gnostisch-christlichen Weltbildes wird vor allem das Phänomen von Besetzungen eingehend erklärt, das sich durch die Empirie meiner und der Arbeit anderer zweifelsfrei bestätigt hat.

Übrigens: Es handelt sich bei Rückführungen nicht etwa um Exorzismus, wie manche meinen. Die Befreiung von anhänglichen Seelen und aufdringlichen Wesenheiten ist ein bei Rückführungen oft aus Unwissenheit vernachlässigter, aber sehr wichtiger Aspekt. Wer Rückführungen ausübt, muss darüber Bescheid wissen, und wer welche erlebt, sollte darüber informiert sein.

»Wie passt Reinkarnation zum Christentum?
Nun, sie ist nicht unchristlich, sondern
nur unkirchlich. Die Urchristen waren mit
der Reinkarnation vertraut und lehrten sie auch.«

*Dr. Jan Erik Sigdell*

Dr. Jan Erik Sigdell, geboren 1938 in Göteborg, Schweden, studierte Elektrotechnik und Elektronik (Dipl.-Ing.) und promovierte später in Medizintechnik, also der Anwendung von Technologie in der Medizin. Dabei spezialisierte er sich auf Dialysetechnik und veröffentlichte 1974 im Stuttgarter Verlag Hippokrates das Fachbuch *A Mathematical Theory for the Capillary Artificial Kidney*, das als PDF auf www.mediconsult-sigdell.com zum Download bereitsteht.

Seine Beschäftigung mit Reinkarnation begann noch im Jahr der Veröffentlichung dieses Fachbuchs. Nach eigenen Experimenten in hypnotischer Rückführung lernte er 1979 in den USA Bryan Jameison kennen und wurde von ihm in der nicht-hypnotischen Rückführungstechnik ausgebildet, die er seit 1980 in seiner eigenen Praxis anwendet.

Im Laufe der Zeit hat er diese Technik weiterentwickelt und neue Methoden der Rückführungstherapie hinzugefügt. Auf der Basis der Erfahrungen, die er in tausenden von Rückführungen miterleben durfte, hat er mehrere Bücher geschrieben.

Einige seiner eigenen Beiträge zur Regressionstherapie sind: effektive Auflösung von negativen (die Seele verletzenden) emotionalen Energien aus der Vergangenheit, Umgang mit Schuldgefühlen, ein Vergebungsritual für die Versöhnung mit Seelen, die einmal unsere Opfer waren oder uns gegenüber zu Tätern wurden, Befreiung von traumatischen Nachwirkungen sexuellen Missbrauchs, Überwindung von unbewussten Widerständen und der Umgang mit fremden Seelen oder negativen Wesenheiten, die sich an eine Person klammern.

Als freier Christ – nicht an eine Kirche gebunden, sondern eher am gnostischen Christentum orientiert – hat er sich mehrere Jahre lang intensiv mit der Erforschung der Vereinbarkeit von Reinkarnation und Christentum beschäftigt.

Heute lebt er, nach dreißig Jahren Schweiz, in Slowenien, der Heimat seiner Frau.

**Informationen und Kontakt**

Dr. Jan Erik Sigdell
Dutovlje 105
SI-6221 DUTOVLJE
Slowenien

Webseite & Email: www.christliche-reinkarnation.com